太極拳十三勢揉手功

吳 永 達 編著

文史哲出版社印行

國家圖書館出版品預行編目資料

太極拳十三勢揉手功 / 吳永達編著. --初版.--
臺北市：文史哲, 民 106.03
頁； 公分
ISBN 978-986-314-353-6（平裝）

1.太極拳

528.972 106002465

太極拳十三勢揉手功

編　　著：吳　永　達
出 版 者：文 史 哲 出 版 社
http:// www.lapen.com.tw
e-mail：lapen@ms74.hinet.net
登記證字號：行政院新聞局版臺業字五三三七號
發 行 人：彭　正　雄
發 行 所：文 史 哲 出 版 社
印 刷 者：文 史 哲 出 版 社
臺北市羅斯福路一段七十二巷四號
郵政劃撥帳號：一六一八〇一七五
電話886-2-23511028 · 傳真886-2-23965656

定價新臺幣二六〇元

2017 年（民一〇六）三 月 初 版
2017 年（民一〇六）五月修訂二刷
2019 年（民一〇八）三月增訂三刷

ISBN 978-986-314-353-6 19906

推 薦 序

余於二〇〇五年五十五歲始學太極，其間雖醉心於楊氏老架、陳氏頭套十三勢、炮捶、陳氏小架等拳架及太極導引之習練，且日夜匪懈，細心揣摩，博得老師高度讚譽，然仍自感止於邯鄲學步，未能真正契入太極內涵，行拳空空如也；二〇〇九年有幸經曹台鳳師姐介紹，認識吳永達師兄及其揉手鬆身功法，開始觸及太極之根，陰陽哲學之妙。

吳師兄的揉手靈感，來自母子互動，吳師兄揉(推)手單練時，原先「以樹為樁」推送反芻養功，某日在陪伴母親公園散步，幫忙母親按摩背部時，偶發奇想，如「以母為樁」，採立姿推背按摩，除可協助老人家揉化筋骨，穩固下盤，促進健康，自己一樣可以練功，沒想到效果奇佳，沒學過太極拳，且幾近八十高齡的母親，只要在安全的範圍內，予以鬆身引化，久而久之，居然也能聽勁轉化，身形日益Q彈，而自己運勁方寸的拿捏與蓄養，也日啓有功，揉手鬆身功法之發現，真是善緣之果矣！

練拳已逾十年，欣聞吳師兄準備將平日提供師兄姊參考的講義，整理出書，回首前塵，也將邇來的學習心得，拋磚引玉，期與識者一同分享，希望能幫助在太極拳的學習道路上孜孜不息，但還沒緣份找到適合功法的師兄姊，引進一份學習契機。

吾人以為，在學拳初期， 必須專心感受的三個點：

1. 如何接/借地力。
2. 如何保持陰陽中定。
3. 其根在腳，發於腿，主宰於腰(胯)，形於手指之內在勁線，如何串連。

此三樣元素是維持太極陰陽能量圈運轉之

重要基礎，地力為所有勁道之源，可推進功體陰陽維持中定，而後需進一步建立感受內勁線之功體環境，反之，亦可以說，內勁線能夠真實運轉，才能維持動態中之陰陽中定，而讓「力源」能接借地力，穩定協調而源源不絕，若已感受到內勁線，就可再求「無使有缺陷處，無使有凸凹處，無使有斷續處」了。只是運用什麼方法，才能具體感受修練，因緣不易遇到便是。

感謝吳師兄給我機會推薦這套揉手功法，經過多年的實驗推廣，對於這三種勁力的串接，本人深受其益，同時，也認為這是一套老少皆宜的太極功法，乃樂為之推薦序。

卓志明 謹識

Learning 'Kneading Hands' in Taiwan

We first experienced Push Hands in the United States. Although we could see its benefit in learning how to react to an external force, we had no sense of what to do or where to start. When we had the opportunity to spend several months in Taiwan, we felt it was a great opportunity to work on our Tai Chi movements and learn some Push Hands. Mainly through Good Fortune and luck, we were introduced to 'Kneading Hands' (揉手).

Many people would likely refer to 'Kneading Hands' as Push Hands. The term Kneading Hands is used in part to indicate that the emphasis of the training is not to push over and dominate your partner but rather to use each other's force to better understand how to respond to force. This emphasis creates a safer practice environment with less chance of injury. Kneading Hands group has a different philosophical motivation than a typical Push Hands group.

Kneading Hands is very useful to experience Tai Chi principles. Tai Chi has a lot of abstract concepts that many attempt to verbalize, but we feel that first-hand experience is still the key to improve your Tai Chi movements. Through Kneading Hands, we learned by experiencing a feeling or a sensation as opposed merely learning a mechanical process.

What is truly remarkable about the Kneading Hands is that it has a starting point and process to help one develop a feeling of song (鬆). Song is a concept that is difficult to fully understand, something that you will have to learn by experiencing the feeling. The first exercise that a new comer will do looks like a standing massage. One person is pushing and the other is receiving the push. This exercise is simple and yet powerful. One person is learning to push forcefully with control while the other is learning to receive the force and to redirect the force. We now have a feeling of song as a result of the basic Kneading Hands practice. With time and patience, this simple exercise develop feelings of many Tai Chi concepts besides song such as integrating the push to originate from the foot and direct by the waist, adhering to your partner and rooting which is to direct the force to the ground. It was amazing when we first experienced the feelings of receiving energy and directing to the feet, sending the energy from feet through the body and out through the hand.

The Kneading Hands group has great teachers that can analyze your movements and correct them. The people who helped us are too numerous to name. Everyone was happy to share their experience with us and work with us. If we were not moving correctly or had the wrong posture, they would feed us. The feeding process involved pushing or pulling us in a manner that corrected our movement or posture. Literally, laying their hands on us, they helped us move correctly and experience abstract Tai Chi concepts in the process.

The results of Kneading Hands were incredible. Upon returning to the US, our teacher and fellow students felt that we had improved significantly. We have returned to Taiwan twice since our first exposure to Kneading Hands three years ago and can see the progress of the people who practice Kneading Hands consistently over time. We are forever grateful for the good fortune and opportunities to work with the Kneading Hands group, and hope we will continue to advance in our Tai Chi study.

by Greg Brown and Ju-Chin Huang

「揉手」

— 台灣學習經驗報告

吳永達譯

我們是從美國開始學習推手。雖然我們知道學習推手的好處，在於懂得如何應對外力，但卻始終找不到很好的學習起點。很幸運地，在我們有機會到台灣工作的期間，雖然只有幾個月，我們透過介紹，開始學習「揉手」。

誠如一般人所以為的，揉手就像推手。但我們所學習的揉手，培訓的重點，並非只是強調如何去推或控制你的對手，而是著重在如何瞭解對方的力量，進而如何有效地應對外力。這種練法，在於強調創建一個更安全，可以避免受傷的學習環境，讓學習者可以安心學習，所以練習揉手與傳統的推手，有著不太一樣的哲學動機。

揉手對體驗太極原理是非常有用的。太極有很多抽象的概念，很多人試圖用語言表達，但我們認為，親身體驗才是提高你太極運動能力的重要關鍵。透過揉手，除了學習如何支配身體的機械動作，我們開始體會到「用意不用力」的內涵。

「揉手」真正了不起的地方，在於提供具體的學習起點與過程，幫助人們開發所謂「鬆」的感覺。「鬆」這個概念，是很難完全理解的，只有透過實際的經歷來感覺、學習。練習揉手的第一步，看起來好像是一個人站著在被按摩。這個練習看起來很簡單，但實際功能卻非常強大。當推的人在學習如何推動與控制力量的同時，被推的人則在學習如何受力，並嘗試隨著來力，重新定位力量。我們現在能夠稍微做到鬆，揉手的練習是很大的助力。隨著時間和耐心，揉手練習幫助我們慢慢體會到其他太極原理，例如如何「其根在腳，發於腿，主宰於腰，形於手指」。當我們第一次體驗接收能量和引導到腳，再從腳通過人體傳導到手上發送能量時，那種恍然大悟的感覺是很難用筆墨形容的。

揉手班有很好的指導老師，可以分析你的動作並加以改正。在練習的過程中，幫助我們的人實在太多了。在這裡，每個人都樂於與我們分享他們的學習經驗，並與我們共同練習。如果我們動作不正確，他們會調整我們。透過「餵養」的過程，不斷糾正我們的動作或姿勢，讓我們經由正確的體驗過程，瞭解抽象的太極概念。

三年來我們有幾次機會到台灣參與短期的揉手學習。返回美國，我們的老師和同學都覺得我們有顯著的進步，這樣的學習成果是很令人振奮的，我們永遠感謝這份好運，並期待有機會可以和揉手班的朋友們，在太極的研究上，不斷的進步。

葛立克
黃如錦 謹識

陳 序

揉手學習經驗心得

學習太極拳像是積沙成塔的過程；一點一滴不同的身體運作經驗中得到身心演化的樂趣。週六、日在此園地與拳友交流揉手、散手功法，聊天當中學習到寶貴的拳理與生活經驗，受益良多！彼此餵勁，不知不覺勁力慢慢生根成長，感受清新的成長體驗，學習過程中漸序筋骨柔化、體格調整，身心得以放鬆自然。

感受老師所說的「陰陽互為其根，陰陽本為同源」；正反是相對的結果，要處理的是內在轉化與導引；在矛盾對立又互補統一的情境中，推手雙方連為一氣，立身中正維持彼此間的平衡，平順氣和。做好「沾黏連隨、不丟不頂」的聽勁，讓身體的完整性與協調性更佳，久練後身體變的健康不易感冒。揉推彼此間的圓，注意維持穩定且不讓對方受傷，配合對方尋找運作軌跡，並讓自己站得更穩，腿力也自然增長；身體放鬆下沉同時，也慢慢找到身體韻律的Ｓ型，上虛下實漸漸明顯，理解引進落空與走化。在打拳套時將揉手經驗帶入，放鬆柔化僅守立身中正虛領頂勁，好像慢慢得以接觸身體運作的圓。

我們這個太極園地有著自由開放與輕鬆自然的性格，在吳老師與卓老師的帶領下和樂交流，經營出以善為主體的學習空間；偶而安排活動寓教於樂，讓大家的互動和諧多元，漸成一個太極家園，感謝兩位大家長護衛成就給大家成長的機會；學習太極拳，了解太極原理，內化為處事根本；體驗老師所提原來幫助別人修鍊，才是逐步成就自己功法的原則，捨己從人，這些都是我們學習揉手功的重大收穫。

陳禮文謹識

自 序

中華文化向來富有混沌、神秘色彩，其所開展的理論體系，尤其是宇宙觀與人生觀，時至二十一世紀知識爆炸時代，不但沒有過時，為人們所淡忘，反而因資訊科技的發達，廣傳到全世界，發揮更加深遠的影響力，尤其是以易經陰陽哲學為基砥的太極拳術，是中華文化中一塊閃耀的瑰寶，其本質蘊涵著東方哲學特有的人文思維，同時兼具性靈修養的全人體現，不但是現代人一帖清心怡神的養生良方，更是一項澄心忘我的生命淬鍊，邇來，正不斷透過表演、養生、技擊等多元多樣面向，展現其風情萬種的魅力。

個人對於太極拳的接觸，是從黃昌其老師的太極氣功十八式開始，而後因為玉龍國術館杜清隆老師與武禪學苑朱仁貴老師的帶領，進入具有技擊思考的拳架及揉(推)手練習，不論新店瑠公公園、崇光天主堂前、大豐國小、新店高中校園，或永和福和橋下與台北 228 公園鬥牛場裡，前後凡有十餘年，不斷思索，如何揉合養生與技擊功能，讓喜愛太極拳的同好，對學習揉(推)手不再卻步，且有更加有效快速入手的法門，其間，因為卓志明老師/師兄的鞭策，歷經數度增刪調整，終於完成「太極拳十三勢揉手功」的編訂。

鑑於「身法」是「手法」的基礎，沒有好的身形，就不可能帶出好的手法，更罔論好的步法，所以，本套功法，以「鬆身扎根揉化法」的身法，做為鍛鍊的根柢，且「反者，道之動也」，是太極思考的原點，其武術特點在「藏攻於守、以虛帶實」，因此，太極拳十三勢「掤、捋、擠、按、採、挒、肘、靠、進、退、顧、盼、定」，以「守勢」的掤作為「首勢」，本套「太極拳十三勢揉手功」的編輯設計，首重「管好自己」，因此，自然亦以「掤」為技術核心的平圓推法，作為首勢，前四勢，以太極八卦四正四隅方位，分別規劃「平圓」、「立圓」、「穿點」、「採挒」揉化四種手法，第五勢之後，進入亂環思考，分別為「偏沉」、「擠靠」、「按壓」、「八字」、「蛇行」、「環轉」、「沉胯」、「化捋」、「自由」

揉化，總計形成 13 個套組揉化手法，希望從「點」、「線」、「面」、「體」，讓練習者身體自然產生「不思自得、觸之即應」整體性的太極運轉軌道，從而「強筋健骨」、「疏氣活血」，兼顧養生及技擊機能。

如何練好這套功法，亦如先輩們所謂「懂勁」，其關鍵在於懂得如何做到「隨順陰陽」！誠如筆者常跟學員互勉，「要讓太極圖上身」！而其具體的實踐，則以「心法」為先，有「心法」，才有「身法」，而後「手法」與「步法」，才能自然而然到位，至於，何時可以練成？吾人以為：中華武術博大精深，尤其是太極拳的鍛鍊，猶如天體，高深莫測，因此，只有練到「更好」，沒有「最好」，亦即永無練成之日，不過，太極拳之所以值得一輩子談，一輩子練，一輩子追求，永遠有總結、歸納與創新的空間，其趣味也在於「永無練成之日」。

人生最難主宰的，沒有別的，就是「心」而已，所謂沒有過不去的「事情」，只有過不去的「心情」，「心情」不對，「事情」就不會對，尤其，人生走到最後，唯一留下來陪伴自己的，亦唯有「心」而已，所謂「萬般將不去、唯有業隨身」，因為練心不但是練身的基礎，練心也比練身更具長遠的價值，所以，本項功法不斷強調，培養正向能量的心法，重於壓倒群雄的技法，希望以「立定腳跟」為學習主軸來滋養身心，講究的是「建設力」，而非傳統太極教學，重在如何「使勁發放」，講究的是「破壞力」，以期展現太極拳揉(推)手的嶄新風貌與價值。

最後，感謝老婆林芬的縱容，讓我有多一點的時間與心力，投入學習；感謝老媽扮演「老母人樁」的角色，陪伴我學習，幫助我拿捏運勁的分寸；感謝指導啓發，有利於完成這套功法的太極拳先行者，黃昌其老師、杜清隆老師、朱仁貴老師、卓志明老師/師兄，以及其間有緣共同探討太極拳精髓的老師與師兄姊們，特別是長期共同學習本套功法，以及參與本書編輯、分享學習心得的師兄姊們，有了您們的支持，本書的撰編才有更深更廣的思考空間，惟因筆者學植未深，對太極拳的理解，或有疏誤，亦祈識者見諒，並不吝指正。

十三勢揉手功 太極養生工坊
吳永達謹識

太極拳十三勢揉手功

壹、前　言

太極功法百家爭鳴，且不乏揉合各家武術而獨樹一幟，立宗成派者，在個人的太極拳揉(推)手經驗中，各路拳家的手法，或有太過陽剛，容易形成頂抗，造成運動傷害，或者太過陰柔，無力守中，或者陰陽斷續、凹陷，無法借勢迴力等缺點，本項功法希望透過一些關鍵性觀念的思辨、調整以及不斷「餵勁」的練習過程，讓練習者不斷成長，終至能夠允執厥中，自然形成「陰陽互為其根」、「全身百折若無骨、風吹荷葉不倒翁」、「觸之即旋轉自如」的身體感應及記憶，從而健身強體，以及深化、體驗太極拳特有的各種攻防技巧。

本項功法的學習初衷，旨在鍛鍊如何運用太極「圓轉」的原理，「讓自己站得穩」，而非「把別人推得遠」，亦即以「轉化為先」為學習主軸，而非將勁力的發放，作為學習主要目標；其要旨，在於反視自我內在能量的澈底培養，另外，在鍛鍊時，除了重視手上纏繞的輕靈，亦以近身搓揉按壓的厚實，做為功體的培養基礎，因此，在古來諸多慣用的稱呼中，選擇以「揉手」而非「推手」或「撝手」、「搭手」、「比手」、「打手」等名稱立名，且為強調本項功法，「重勢不重招」的思考原點，以及為利於練習與記憶，乃將各種練習手法，分類成 13 個群組(每個群組都可再衍化出同類型不同變化的招式，故全部功法非只 13 招或 13 式)，在此 13 個群組中，分別潛藏囊括了掤、捋、擠、按、採、挒、肘、靠、進、退、顧、盼、定十三勢的手法與身法變化，故綜而定名為「太極拳十三勢揉手功」。

有云：「筋長一寸 ，壽延十年。筋縮則亡，筋柔則康」；太極拳十三勢歌訣中，定義學習太極拳推手的總目標，在於「益壽延年不老春」，這也是本項功法的核心精神，具體而言，本項功法旨在運用太極拳揉(推)手的原理以及攻防技術，透過幫助拳友鬆化九大關節，加強筋骨柔韌度與氣血循環，進而達到養生、健康，甚至怡情養性的目標，所以是以「舒服」為先，「輸贏」次之，挑戰的對象，是自己，也不是別人；學習的目標，在於建構一個「有用、有趣」的太極拳健康人生，而非在造就技驚武林的蓋世英雄，千萬不可只側重在技藝上的自我挑戰，更不能本末倒置，為了追求極致的武藝表現，思圖與人較量謀勝而犧牲掉身體健康！

貳、功法哲學基礎

「太極」陰陽學說，是道家的思想精髓，所謂「一陰一陽之謂道」，在一陰一陽之間，道盡天地間變化的消息，而道家最具代表的人物，無過為老子，孔子曾經前往洛陽問禮於老子，並讚歎其德行學問高深莫測，故言：「吾今日見老子，其猶龍也。」雖然老子思想精微奧妙，難以捉摸。但在人生的具體作為上，提出了「三寶」之說，內容極簡至微，可以憑供揉手功運作的哲學基礎，以免忘失學習方向。

老子道德經第 67 章：「我有三寶，持而保之，一曰慈、二曰儉、三曰不敢為天下先。慈故能勇，儉故能廣，不敢為天下先，故能成器長。」意思是「我有三條寶貴的原則，一直持守而珍惜著它，一是慈愛、二是儉樸、三是不敢自傲，居天下之先。因為慈愛所以勇敢，因為儉樸所以寬廣，因為不敢自傲居天下之先，所以能成就大器」。

道家三寶落實為揉手三寶，「慈」代表的是「母性」與「大地」的「包容」與「扎根」精神，學習揉手功，要契入包容的態度，以及培養扎根的能力，不論來力如何，先想辦法，把它轉化成穩定平衡的「正面能量」，而且施加給對手的力量，除了要如大地般穩定，也要像母親慈愛的餵養，從「餵勁」中，滋養功體，因此，本項功法重視的是「建設力」而非「破壞力」。至於慈愛為何跟勇敢相關，莎士比亞說：「女子雖弱，為母則強。」曾聽說有一位母親帶女兒到超級市場買東西時，女兒忽然被一輛急駛而來的卡車壓在輪下，正在千鈞一髮之際，媽媽立刻奔向前去，徒手將卡車車頭抬起來，救出女兒。如果是平常的情況，十個男人都很難抬起卡車車頭，但這位母親做到了。這說明了慈愛所帶來的勇氣，其戰鬥力實在是難以想像的強大。而壯大自己的最終目標，在讓自己有能力可以服務他人，所以，本項功法，希望學習者是帶著慈悲心而非好勝心來學習，以期能培養出服務利他的精神、直覺與強大的正面能量。

其次是「儉」，對揉手功而言，指的是如何「省力」，天體運行，不需要有人加油上電池，亙古恆新，生生不息，道理就在一個「精確的圓轉軌道」上，揉手功重在培養圓轉的軌道感，從八卦到亂環，運用動勢，勢勢相承，期以最少的能量耗費，「以四兩撥千斤」，化開攻勢，持盈保泰，這也是太極拳「小勝大、弱勝強」、「耄耋能御眾」的重要關鍵。

最後是「不敢為天下先」，人們在社會生活中，為因應外在事物的變化，逐漸養成「爭先恐後」的習慣，道家在調節人與社會及自然間的和諧關係，提出「人法地，地法天，天法道，道法自然」天人合一的理想境界。本項功法的鍛鍊精神，在於學習「從容」，不斷體驗如何與加諸身上的外在力量「合拍」，務宜根本去除「爭先恐後」的習性，做到「沾黏連隨、不丟不頂」，如能掌握這個關鍵，即能以符合自然狀態的鬆，隨著對方的勁力，讓陰陽二氣相互激蕩，融結為一，而構成新的和諧統一體，所謂「萬物負陰而抱陽，沖氣以為和」，另外，除了學習如何不搶先，不妄為主動，即「不敢為天下先」外，也要做到「不可為天下後」，即不可讓回應勁力落後、斷滯、脫序，務須與對方勁力陰陽出入的角度及時間點「和諧同步」進行，才能「省力」、「穩定」悠游在揉(推)手的世界裡，讓學習揉(推)手成為一種很「舒服」的至高享受，這也是練習本項功法的重要訣竅。

太極拳是一座無盡的大寶藏，裡面不但應有盡有，而且，取之不盡、用之不竭，想要健康？武藝？希望多瞭解自然形成與生命運作的道理？都沒問題，但因其係屬武術的一環，自不能免俗，舉手投足之間，充滿「克敵制勝」思考，為免誤入「自傷傷人」歧途，本項功法，特別提倡在練習時，於「化打」與「拿發」間，要符合「以餵代打」、「以餵代發」的旨趣，以祈成為更高層次的太極拳「贏家」！

何謂太極拳贏家？「 贏」字可拆成「亡」/「口」/「月」/「貝」/「凡」五個字，這五個字可以引申為練習十三勢揉手功，成為太極拳贏家的五個必備態度。

第一個字「亡」：亡代表徹底去除僵直的拙力，也代表學習讓自己歸零，而其關鍵在「鬆」，只有透過「鬆」的大破，才能徹底清除太極拳勢陰陽運轉的路障，進入「不用力而有力」的大立境界，有句話說，「為何團團轉、只因不敢放」，不敢放鬆或者不知道如何放鬆，或者誤解放鬆的意思，都無法進入太極拳的堂奧。

第二個字是「口」：口代表溝通，亦即代表太極拳的「聽勁」，練「拳架子」只是學習瞭解自己拳勢陰陽運轉的路徑，如果沒有經過「揉(推)手」的練習，遇力不頂即丟，硬也挨打、軟也挨打，而且腳跟浮動，稍有來力，怎麼站都站不穩，就是因為沒有「聽勁」，沒有辦法跟來力「溝通」。

第三個字是「月」：月指的是時間，陰陽拳勢流轉時間點的掌握，最為要緊，勢勢相承，務宜保持像呼吸一樣順暢自然，尤其本項功法所推廣的【揉散手】練習，更要以接榫、合拍思考為要。當然，任何功夫，都需要有時間的積累，必需在歲月上下功夫。太極拳有「十年不出門」之說，所以急不得，循序漸進，耐得住長時間的鍛鍊，自然可以漸漸培養出自我掌握的優勢與應變能力。

第四個字是「貝」：中國最早以貝為交易的貨幣，因此「貝」可以簡單地說是「錢」，就廣義而言，就是「籌碼」，每位太極拳學習者的身材、體能與生命歷練都不一樣，也就是練習太極拳的籌碼都不一樣，對太極拳的體悟能力以及思考路徑，自然也不一樣，所以，指導者能否因材施教？學習者能否懂得並善用可以為自己加分的獨特條件？都是學習成長的重要關鍵。

第五個字是「凡」：顧名思義，凡指的是平常心，努力去學習，但是最後的成果，是否盡如人意，還要看天意，因此，用平常心，享受學習的過程，水到自然渠成！

參、功法特點

所謂「一法不立，萬法不容」，瞭解與掌握學習的核心原則，成長才會有根柢，學習也才會有活水源頭，本項功法有幾項基本的觀念與特點，如果拳友能夠充分掌握其中精髓，就可以在自我學習的邏輯中，發展出更多元多變的鍛鍊技巧並提昇太極拳的學習境界。

一、學習如何學習比學習更加重要

太極拳是一門科學與哲學交融成趣的學問，其原理與現象，常呈現「既矛盾對立、又互補統一」的狀態，如果沒有透過揉(推)手的審視與實證，很容易陷入文字迷宮，搞得一頭霧水，更容易因為誤解拳經拳論的實質意涵，步入歧途而不自知！本項功法認為，「學習如何學習太極拳比學習太極拳更加重要」，為了和大家共同釐清一些學習上的困惑，建立以太極拳揉(推)手自我鍛鍊的

「藍圖」，而非只是「拚圖」，筆者才試著把個人在學習過程中，所體悟到的經驗心得與努力方向具象寫成文字，跟有緣的拳友分享，期能相互揣摩，一起進步，所以筆者本身也只是一個仍在不斷自我調整、以期與拳友一起精進的探索者，並非武藝非凡的功夫高手，所提供的學習經驗，也不是學習太極拳唯一或標準答案，亦期待拳友能以「終身學習」與「思辨論證」的學習精神自我惕勵。

二、強調九大關節、節節鬆開，節節連動、節節貫串

希望在全身關節節節鬆開的基礎上，順對方拳勢，以三節為一弓，讓三關九節的「陰、陽、中」能夠借接地力，穩定地隨意排列調度，節節連動，節節貫串，「以虛應實」、「以實打虛」，並從「走、化、絞」不同的勁別思考向度，讓練習者，依其不同的自我期許、以及不同的練習程度與需要，自由練習。但拳友在練習初期，宜由不動筋骨力，只以毛皮淺接方式下手，以期建立圓轉軌道的運轉基礎，不過，切記：「這樣的練法，只是在建立揉(推)手的基礎，並非從頭到尾都要這樣練，或者只

能這樣練，更不可能只要這樣練，就可練就太極拳高深的走勁」。拳友在穩固樁步，以及熟悉各勢揉手功不同角度的運作手法後，接勁方式，必須由淺入深，再由深返淺，經由各種不同速度，以及接勁深淺，不同層次的返復綜合練習，讓其筋、骨、肉、皮、毛、氣，都能得到餵養，且不斷往「鬆活彈滑」、「活化」的方向走，才不至走上「鬆弛癱軟」、「弱化」的方向。

尤其，功夫鍛鍊的次第很重要，九大關節，節節鬆開與節節連動，是基礎功，也是養生功，在基礎功尚未建立好之前，不宜強練節節貫串的技擊功，否則，在筋骨還沒有完全開展與建立順暢運行的「軌道」前，強練技擊發勁，不但沒有辦法達到「節節貫串」的目標，反而容易讓筋骨撕裂受傷，不利於健康，同時，也會因為強發力的不當固著慣性，無法去除，而限縮將來功夫進步的可能性。

三、從「順勁」下手，讓身體產生一波三折的「柔化」與「活化」現象

一般的武術，會先著重在身體強度的鍛鍊，本項功法認為，在沒有練到「順」之前，不宜練「強」，要從「順

勁」下手，讓太極二儀的陰陽同時上身，自由流轉，互補平衡，產生太極圖像 S 型一波三折的「柔化與活化」現象後，在形成陰陽順暢運行，穩定的「軌道感」基礎中，逐步加重承載，使身體漸次加深穩定度，進而達到「強化」效果，但「強」中必須依然保有柔化與活化的本質；且認為身形之所以穩定，主要是來自於身體各關節「入榫」，形成本體結構力，且能隨外力進出，借助地力迴盪，自動調節至最佳空間位置的結果。

所以，本項功法，常勉勵學員，「用人體跟天體學習」，學習星系運轉出自然、精確的弧形軌道，另外，也要「將身子當房子養」，房子適宜住人，一定是建築結構完整、縝密，以及有很好的避震能力與通風效果，因此，所謂身體「強化」，應著重在筋骨柔韌度與氣血循環順暢度的提昇，來達到強身健體的自然效果，不一定非得透過擊打或重訓方式，才能讓身體產生堅實抗打的「強化」現象，揉手功訓練的主要目標也不在與人一較高下，示己之強，不但要慎防自己成為人見人怕的武術高手，且應避免落入「僵化」、「硬化」的太極拳禁區。

四、讓樁功與聽勁同時成長

一般拳術的練法，重在「阻斷」對方的攻勢，太極拳則強調「走化」，本項功法，更側重在「引化」，亦即更加強調與對方力量能「同步與同化」的練法，而側重「引化」來勁的根本作法，在於不急著把對手當敵手，一心想「阻絕」其攻勢，而係把對手當成太極二儀的另一端，並以調和彼此間的陰陽關係為先，讓彼此都能放心放鬆去尋找太極圈協調運作的身體軌跡。

用引化的觀念，才能導正拳友因為自我防衛而盲目蠢動，以致產生相抗的不良習性，讓潛意識在放鬆的情況下，找到勁路運轉的自然軌跡，且為建立「引化」來勁的根本能力，特別以「鬆身扎根揉化」的練習法，從身形出發，以期達到訓練「樁功」與「聽勁」的雙重效果，這種隨順陰陽，隨力引化的樁功與聽勁練習，也是拳友比較容易欠缺，而應再特別加強的部分。

「鬆身扎根揉化」的練習，著重讓拳友在最輕鬆自在的狀況下，像聊天一般，只要自然站立，不需刻意立樁，可以二人，也可以三、四、五…人一起，排成人龍或一人在中或整體圍成圓形，從身體的四面八方下手，互相餵勁，讓拳友不但能「左顧右盼」，而且能「瞻前顧後」蓄勁、運勁，以培養「立地生根」、「支撐八面」的樁功，也讓「沾黏連隨、不丟不頂」的聽勁，能夠從根源，亦即由身形開始成長，以為日後的揉手功練習，建立穩固的鍛鍊基礎。

五、強調以勁接勁，重勢不重招

雙方練習時，不能徒具招式外形，或執著於既有的招式規則，不論接勁深淺，勁與勁之間，要有互仰鼻息，或如彈簧般，伸縮力的對話，才能練出「知己知彼」，在陰陽交融中順「勢」而為的功底，且只要能夠守「勢」，讓身形手法合乎陰陽相濟運轉原理，招招都是好招，因此，本項功法，是「13 勢」(The 13 potential energy groups)，而非「13 式」或「13 招」，而且，除了第 13 勢「自由揉化」，係前 12 勢的綜合運用，並非定式，可以前 12 勢任意排列組合練習外，前 12 勢的每一勢都可以不斷衍生變化出屬於同類手法的不同招式。

因此，拳友所見本項功法的公開演練影片，只是該勢其中一個練法，每勢運作的角度、輕重、遲速，都還有其他不同的樣貌，所以，雖然在不同時期，我們會拍攝一些參考影片，但是從影片中，還是「只能見樹，無法見林」，另外，就算是同一勢手法，在不同時期拍攝，也會成長蛻變，風格也都不一樣，所以，看見了什麼，不一定就是什麼，這是要特別提醒的。進而言之，本項功法對建立各種「招式」的看法，以及其所存在的意義，在於「招是勢的外顯以及入門磚，拳術運作之對錯，要用勢作標準，而非用招作標準，不能捨本逐末」，「招是告訴我們，可以這樣做，而非限制我們只能這樣做」，千萬不要被招式裹住小腳，要在流暢的動勢中，找到身體運作的自由，所以鼓勵拳友儘量發揮創意，開拓研發其他有助於健康及練習的手法，只要符合太極拳陰陽相濟的基本運轉原理，亦即「順勢而為」，也就沒什麼不對。

六、以讓身體產生「圓心穩定」的球體運動為方法

認為整體身形，如能透過腰腿接地，以旋轉、開合、折疊、吞吐多元多變之姿，在對手壓力下，不須移動腳步，亦能「如風似水」，「遊刃有餘」，在有限空間內，以圓弧的身形，讓重心伴隨地心引力，「接地之力、貼地而行」，自由運用，保持穩定、流暢的旋轉進出或往復湧動能量，即為「周身一家」，則屬「中定」。因此，運作的特點，不但在於讓身體形成一個三度空間，立體的圓，以對應來力，且認為「中定」係指守住整體身形的穩定「狀態」，而非守住身體特定「區域」，特別是位於丹田的核心位置，形同大樓的「阻尼器」，不是「不能動」，而是「不能自己隨便亂動」，亦即沒有必要時，儘量不動，如有必要，要隨動隨補，要在「打不透」與「打不到」

之間，即時判斷，找到最契合中定的因應方式，以維持整體動勢的平衡。

古諺「有若無、實若虛，得其環中，可應無窮」，其中「環」與「中」的對應關係，恰可說明，本項功法，強調以圓心穩定的「中」去對應身形萬變的「環」之運轉原理，換言之，若能以圓心「不變」的中，去對應身形「萬變」的環，讓「萬變不離其中」， 則「內靜外動」、「內陰外陽」的太極陰陽共生流轉規律，即可產生穩定的應敵能量；再進而言之，務宜令身形不但能萬變，且萬變中均不離圓心的中，至於圓心係在何處，本項功法認為，在鍛鍊初期，為利於入門，可以用丹田作為身體運轉的圓心，如以星系運轉為喻，丹田如同恒星，四肢百骸，如同行星，務必讓行星可以繞著恒星轉；但練習純熟，進入實際運用時，因為接敵對應點的不同，相對應的圓心、轉動方位以及動靜之間的關係，就顯複雜，例如：「太陽是地球的恒星」，「月亮又為地球的衛星」；其間互有公轉與自轉關係，因此才說，守住中定，是守住一種整體的系統「狀態」，而非一個單一、各別或固定的「區域」。

就學習運作的過程，可以先訓練身體九大關節，令其節節鬆開，讓每節均足為接力旋轉的核心，應敵時，從運作圓熟的身體「潛意識」，隨機自動抉擇必要的主核心，進而帶動其他副核心(註：隨著拳勢的變化，主副核心的關係，隨時都可能隨之變化)，以形成整體旋轉能量去牽動來力，至於，拳架套路上所重視身形「上下定點」的鉛垂線，只是「中定」的「原型」之一，可以當作練習過程中，一個相對的參照值，但更重要的，是能衍化出「多軌多變」、「彈性變型」、「能收能放」、「收放自如」、「立體飽滿」的球體圓，並以其亂環線上下、前後、左右，均能保持互補平衡，以及讓支點與力點之間產生一連串「有收必有放」的陰陽互動曲線，進而形成「內聚與外擴」，「對拉拔長」的連動感應與彈簧力，這也是本項功法運作的重點思維。

七、以技入道，提昇生活品質

一般人多習慣於線性的單軌思考模式，所謂「線性思考」，概係認為套用公式，就一定會得到正確答案，但在現實的世界裡，可以觀察到的原因相同，卻造成不盡相同結果，且令人大感意外的事例，比比皆是，從而，很多人的心思總是經常在矛盾困惑中盤旋，找不到人生正確答案，也不知如何是好，因此，我們必須學習，根據宇宙非線性的流動本質，跳脫線性的單軌思考模式，才能讓自己在複雜的人事浮沉中悠遊自在，太極原理，便是進入「非線性」、「多軌」思考的重要法門。

本項功法以太極拳「反者道之動也」的原理為底蘊，將身體做為體驗工具，希望能進一步延伸擴展到心靈層次，讓「非線性」與「多軌」的思考習慣與行為模式，自然而然逐步養成，最終，期待除了在拳術的養成上，有所成就外，同時，也可以在心靈上，內化為待人處世的參考準則，讓人際關係的處理，可以避開「雙重」，把生活上可能發生的是非衝突化解於無形，進而身心安頓，提昇生活品質。

所以，本項功法的學習順序，是以「心法」為先，其後，再從「身法」、「手法」，衍伸到「步法」，再反芻回歸到「心法」，在周而復始的循環學習中，其學習目標，不只在練技巧，也是在練境界；不只在練風格，也是在練人格，另外，從另一個角度來看，本項功法，是以反向及多軌思考的模式，作為拳勢運作的基本邏輯，俗云「學拳不學道、簡直瞎胡鬧」，所以，如果在「心法」層次的思考模式沒有徹底改變，從潛移默化中調整拳勢的運作邏輯，本項功法的練習效果，也會同時受限，無法真正開展。

肆、功法口訣

— 全身連成線、腳底陰陽變、鬆活彈滑弧、尺度自己辨

輔助說明

在勁力運行的過程中，要時時注意透過丹田吐納，對拉到腳底以及與對手的接觸點，有無連成太極圖中的S 型曲線？有沒有「一線串起」？有關走化或發放關鍵點的掌握，其間陰陽轉折的變化，是否立即、順暢？有沒有「一氣呵成」？務宜以鬆為基礎，不管縱放屈伸，都要讓勁力以出圓立方之姿，從身體的核(圓)心透出，走在穩定接地的弧型軌道上，並產生彈滑、靈活的具體感受；至於身型、手法、步法是否恰當，問問自己當下直覺的感受，最準確，要不斷的自我反思「身形與手法是否順暢地走在鬆活彈滑的弧型軌道上」，練習在任何狀

況下都能夠聽任自由，維持動態平衡的樁步，不會被輕易拔根，才是最重要的，至於外界的點評，可以參考，但千萬不要反客為主，當作練習主要標準，否則，很容易在人云亦云的情況下，陷入「父子騎驢」、「怎麼練都有人說不對」，不知所措的困境中。

簡而言之，揉手功的理想，在於身形手法，一線串起，呼吸開合，一氣呵成，上下內外，相隨相合，縱放曲伸、聽任自由。

伍、鬆身扎根揉化要訣

1. 其根在腳　主宰在腰　節節鬆開
2. 旋腰轉胯　腳分陰陽　隨勁走化
3. 輕沉遲速　左右交替　兼備互練
4. 鬆肩轉脊　屈伸轉折　循環周身
5. 下實上虛　陰陽相摩　Q彈如簧
6. 胸腰折疊　立身中定　意氣鼓盪
7. 丹田鬆靜　勢勢相承　自然開合

輔助說明

1.儘量採高架，不必刻意蹲馬步，否則，受力後，是在「蹲」或在「沉」，自己反而搞不清楚，而且，容易因為身形沒有真正下沉，鎖住胯勁，下達湧泉，只是用膝蓋在旋轉以及承受來力，最後反而把膝蓋練傷。

2.受力後，身形要「以胯作基」，隨來力變化旋轉或湧動，但內勢的核心要守在原地，亦即「圓心不動，圓環動」，所以「動等於沒動」，讓圓心與圓環的內外關係，相合相隨，動靜一如，身形才能保持在一個穩定的狀態。

3.可以再一步嚐試雙方同步互推肩、胸、丹田等部位，以體驗身形與手法「同時化發」時，是不是真的能「同步」？會不會互相干擾？亦即是否有能力讓太極圖的陰陽軌跡同時上身，協調運作。

4.亦可配合「八卦」、「混元」、「軸心」等揉化方式，以平馬或前後馬進行單練或雙練或混合練習，從小圈到大圈，身型漸鬆漸長，務使身體徹底揉化，混然成體，沒有僵滯點。

陸、十三勢揉化要訣

第一勢　平圓揉化

其根在腳　以胯作基　力出丹田

剛柔內含　隨伸就屈　陰陽按掤

似鬆非鬆　將展未展　旋轉自如

輔助說明

1.開始練習時，務宜先以淺接的方式，讓雙方先把圓形的軌道走出來，並以「走順」為最高指導原則，尤其是面對初學者，要刻刻留意引導其勁力的出入，千萬不要以筋骨的力量加壓，否則，只會加深其頂抗的習性，更無法讓勁力進入渾圓的軌道。

2.平圓的軌道，不要侷限在固定的高度或直徑，可以大圓、小圓、斜圓，用不同的圓圈引帶，不要把勢練老、練僵、練死。

3.引帶的速度，開始時，可以用均速，慢慢走出節奏感，讓雙方進入同頻同軌的共鳴狀態，再試著以要可快可慢的不同速度，讓雙方勁力的來回運作，猶如一首美麗的旋律，帶出和諧共振的頻率與質感，才能創造健康，也才能為太極拳滔滔拳勢，奠定良好基礎。

4.平圓的拳形最簡單，但拳勢最難練，短期內走不順，或時好時壞是正常的，要留意肩膀不可僵硬，力量更不能上肩，且要同時輔練其他拳勢，如果，身形能逐步適應各種不同角度與手法的變化，平圓的揉化方法，也會跟著一起進步，所以，不要鑽牛角尖，想把平圓練好，再進入下一勢的練習，否則，只會增加挫敗感。

第二勢 立圓揉化

肩肘空鬆　腰胯主宰　上下相承

勁起湧泉　一線串起　活似滑輪

互借陰陽　如波似浪　風起雲湧

輔助說明

1.太極拳的鍛鍊，以腰胯為主宰，是一項重要功課，立圓揉化亦然，但本勢另一項重要課題，在於胸椎開展的鍛鍊，因此，在練習時，除了腰胯的圓轉與地力的承接外，請特別注意不能讓肩肘空鬆後，造成上身癱塌，且要多學習運用腰胯結合胸椎的滑動旋轉，化解來力。

2.在立圓軌道的運行中，請多注意雙方肘腕間，亦即彼此小臂間的沾粘連隨是否能夠準確在開合中交替滾動，以及雙手在來回滾動中，是否準確搭上對方的肩部與肘部關節。

3.太極拳的圓，貴在立體，立體才有穩定推動的能量，因此，雙方在引勁向上時，請注意，要讓大手臂的白肉，順勢向外引帶，以增加身形立體滾動的幅度。

第三勢　穿點揉化

以靜制動　沾粘貼隨　斜圓引化

以胯引肘　鬆身沉腕　左右穿掌

引勁入骨　意氣相連　斷定有常

輔助說明

1.太極拳揉(推)手的四正四隅，運勁方位共有八卦八個角度方位，揉手功前二勢，平圓與立圓揉化，屬四正，走的是左右及上下方位，第三、四勢的穿點與採挒揉化，屬四隅，走的是 45 度斜角方位，而第三勢穿點揉化，走的是上斜角，第四勢採挒揉化，則走下斜角方位。

2.第三勢的穿點揉化，本勢的原形是「穿掌刺喉」，因此，手勢重在「穿」，不同於「按」，「穿」是手心向上，「按」則手心向前，在練習的過程中，應注意一攻一守的交替循環，且需保持攻中有守、守中有攻，但所謂攻，仍應以走化為先，而非強進強攻。

3.本勢除了重視手勢應形成沾粘貼隨，斜向引化的太極圓外，練習時並應特別注意在引勁向上時，胯勁與肘勁能否相合，相合才能輕鬆順勢引帶來力，而穿點的位置，配合目前推手運動的攻擊範圍，可以嘗試互相設定在肩或胸或腰腹位置，然後反覆練習，以熟悉不同高度路線的發力軌跡。

第四勢 採挒揉化

雙手陰陽　相吸相縛　鎖肩纏肘

縱放屈伸　胸腹折疊　如蛇如籐

交纏牽引　輕沉兼備　節節走化

輔助說明

1.太極拳揉(推)手的四正四隅的運勁方位，本勢的採挒揉化，屬四隅之末勢，走的是向下的 45 度斜角方位，其手法類似坊間常見之反關節擒拿，在前四勢中，是手法變化最為豐富，也是比較危險且容易受傷的一勢，所以練習時要特別小心。

2.第四勢的採挒揉化，手勢首重肩、肘、腕三節的揉化，太極拳以三節成一弓，肩、肘、腕三節，處於接敵的前鋒位置，這三節能否在鬆中去除手上力量的稜稜角角，成圓、成圈、成拳，陰陽相濟，產生「出圓立方」的順勢鑽滾能量，至屬重要。

3.本勢在練習時，尤其初學者，肘部容易過陰或過陽，一不小心，即可能造成肘部挒傷，所以務從「鬆、慢、勻」下手，讓雙方旋轉的速度與角度同軌，逐步邁向「圓活」後，再漸漸加速與增加各種角度的變化，千萬不可操之過急。

第五勢 偏沉揉化

亂環起始 輕重虛實 引進落空
左重左虛 右重右杳 如盪鞦韆
以實化虛 以虛帶實 處處虛實

輔助說明

1.太極拳的「亂環訣」有云：「亂環術法最難通，上下隨合妙無窮。陷敵深入亂環內，四兩千斤著法成。手腳齊進橫豎找，掌中亂環落不空。欲知環中法何在，發落點對即成功。」，本項功法在建立四正四隅十字八卦的支架結構基礎後，從第五勢開始，進入太極球體的亂環練習。

2.本勢以偏沉的掤勁為訓練核心，與第一勢之差異，在於第一勢是引勁讓來力向內迴轉，本勢則是引勁讓來力向外滑脫；其重在腰胯與肩、肘、腕的合一與圓撐，特別是丹田的鼓盪、夾脊與胸腹的折疊，其漲落之勢，有如鞦韆，應貼地而起，隨力而行。

3.本項功法第六勢及第八勢的手勢變化，有一部分係以本勢為基礎，練習者在熟悉雙手均力推送軌跡之後，可以再嘗試對肘、腕做力道輕重與遲速，不同槓桿的推力交錯練習，讓本勢的練習更加靈活多變。

第六勢　擠靠揉化

捋擠肘靠　隨勢翻騰　唯守中定
胯走下弧　周身一家　陰陽相隨
力撐八面　因敵變化　聽機造勢

輔助說明

1.本勢有二個特點，其一，係連結第四勢採挒揉化及第五勢偏沉揉化兩勢的手法，其二，可以再分成「肘靠」與「回擠」兩種不同的練法。

2.不管採「肘靠」或「回擠」，前手運作的角度與速度不變，亦即前手仍維持採挒揉化的手法，僅後手再加上

「肘靠」或「回擠」的動作，不過，應注意採「肘靠」或採「回擠」，後手運作的時間點不同，前者與採捌的時間點，係在同一拍進行，後者則在第二拍進行。

3.本勢前手之手法，應隨來勢翻騰，如採「肘靠」，則使後手手心護住前手肘部，向對手中心前靠；如採「回擠」，則前手手心向內，後手手心向外，於雙手手腕處交疊，朝向對手中心位置擠出。

4.在身法調控及攻守變化上，不論是採「肘靠」或「回擠」，都要注意身形與手法的圓撐，以保持中定，務宜避免過度前傾或力量「有去無回」，否則，反而會落入對方順勢捋的圈套。

第七勢 按壓揉化

詐敗佯攻　腰脊爲軸　剝極而復
身形轉化　隨起隨落　周而復始
上下升降　内氣潛轉　任運自然

輔助說明

1.太極拳的拳架，可採高、中、低架練習，揉(推)手練習亦然，本勢旨在以低架，起承前 6 勢與後 6 勢之揉手練習。

2.本項功法均強調身形的轉折迭盪，各勢之練習，多以引勁入手，鬆開肩、肘、腕三節化勁，而本勢則旨在練習，當被對手直接拿住側身，或處於退無可退之背勢時，如何直接以身體，亦即以脊椎系列的頸椎、胸椎、腰薦椎三節化勁，這是本勢與其他各勢最大的不同點。

3.第七勢運作的特點，其旋轉軌跡，類似於第 2 勢立圓揉化，但立圓揉化的身形，以採中、高架為主(亦可採低架方式練習)，而本勢的身形則以採低架為主(同樣的，亦可採高、中架練習)，而與第二勢立圓揉化，最大的不同，係表現在雙方手部動作，立圓揉化係以彼此小手臂做循環交疊開合，雙手分別控制對方肩、肘部位，本勢則以彼此大手臂與小手臂做循環交疊開合，雙手則分別控制對方肩、腰部位。

第八勢　八字揉化

鬆活彈滑　粘貼纏繞　隨勢起落

內八採按　小巧緊湊　處處成圈
外八採按　借勢放勁　不丟不頂

輔助說明

1.「無處不成圓、無處不成圈、無處不成拳」，尤其是以圓為基礎的纏繞與包覆，是太極拳重要的運作特性，這個特性在本勢的操作上，尤屬重要。
2. 本勢係以第五勢的偏沉揉化為基礎，透過雙手，從腕部交錯的或鑽或滾，形成圈制對手的力量，雙方除了可以互相均以第八勢的手法練習外，也可以一人用第五勢，一人用第八勢交相練習。
3. 本項功法，重在雙手交錯的鑽、滾練習，前手應注重是否維持第五勢偏沉的掤勁，後手在交錯鑽滾時，則應注意是否準確切入對手腕關節位置，而產生扣拿引帶的效果。惟所謂「扣拿」，應以不著力的沾粘為練習要領。

第九勢 蛇行揉化

源動腰脊　內纏外繞　螺旋進退

鬆柔入手　積柔成剛　轉化制約

以心行氣　以氣運身　神舒體靜

輔助說明

1.《孫子兵法》篇載:「善用兵者，譬如常山之蛇也，擊其首，則尾至，擊其尾，則首至，擊其中，則首尾俱至。」此亦常引為太極拳陰陽權變之術，本項功法，常強調:「要讓太極圖上身」，亦即當來勢進攻時，全身上下，務宜以 S 型，帶動陰陽之勢進行化解與圈制，本勢體現此一精神，尤為顯著。

2.另外，「沾連黏隨、不丟不頂」是學習太極拳重要的八字真言，這也是本勢練習的核心法要，練習時，要讓肩、肘、腕三節，圓滾靈動，宛如蛇身，在對方手上旋轉攀爬。

3.本勢之練習，可以單手，亦可雙手，可以順時鐘亦可以逆時鐘鑽滾，可雙方同時鑽滾亦可交錯鑽滾，亦可只行半圈，在身前做內掙與外裹的勁力練習，在本項功法十三勢中，亦屬手法較為豐富多元之一勢。

第十勢 環轉揉化

以身領勁　風吹楊柳　順勢成圈

前進後退　左旋右轉　寓正於斜

鬆活彈滑　胸腰運化　一線貫通

輔助說明

1.本勢在對手推送力量時，順勢捋帶，並將力量回送到對手身上，除了展現太極拳「圓」的特色外，並希望藉由本勢的練習，去除一般推手時，最常犯的兩個毛病：其一、來力沒化乾淨就急著想回推，導致力量自相干擾。其二、在推送的同時，身體一起變硬，形成明顯打點，或者當身體柔化，避開來勁時，手上力量又送不出去。

2.本勢在練習時，可以先練單邊，一人推送，一人捋採回送，推送的位置，先練習在對手的胸肩部位，等運作節奏漸入佳境之後，可以再練習推送腰腹部位，左邊練好之後，再練右邊，再熟悉之後，可以做雙邊或推送胸肩與腰腹位置的交互練習，然後，主客易位，交換角色練習，更為熟悉之後，甚至可以隨時調換彼此的練習角色。

3.本勢被捋採的一方，原則上，以身形帶動肩肘向上化勁並順勢推送，但亦可採向下化勁的方式處理，只要轉化能圓活順暢，係推送採捋或向上、向下引化，便能隨心所欲。

第十一勢　沉胯揉化

鎖胯圓襠　接地之力　抽旋下沉
樁步合一　隨勢湧進　退中有進
支撐八面　借勁使勁　化打合一

輔助說明

1.太極拳的轉化，係建立在「圓」的基礎上，而圓必須有「單點」的條件，才能夠自由運轉，就像車輪，單點著地才能運行，如果同時二點以上著地，車輪就會卡住，動彈不得，因此，「練單」、「避雙重」是太極拳鍛鍊的重要課題；不過，所謂「避雙重」是避重心「雙點」著地」，不一定是避「雙腳」著地，過分執意「單腳著地」，反而容易讓重心溢出胯圈。而雙腳著地，仍能陰陽分明，讓重心單點著地在兩胯內穩定調度轉化的要訣，在於腰胯的鬆活旋轉，本勢的操作重點，旨在練習於對手企圖製造雙重，以雙肩或雙胯，即同時以兩點控制已方時，如何走化。

2.本勢的走化軌跡，在於對手尚未進行侵入性攻擊，陰陽未分時，身形守一「直線」，隨對手進擊，身形立分陰陽，變成「曲線」，亦即在「陰、陽、中」的運行軌跡中，自然迴盪，化解對手攻勢，並隨之反擊，周而復始。

3. 本勢須注意二個要訣，其一：必須學習以襠胯併同腿力，特別是以大腿的內裹外包與小腿接地之力順勢挺進，靠的是襠胯收攏之力，且不可以膝或腰為力源，才能保持推送力量的穩定並避免受傷。其二：走化時，雙手必須與對手儘量保持「沾黏」的狀態，才能增加「引化」效果，也才不會丟失來力的節奏與方向。另外，如對手控制的兩點，在雙肩或雙胯以外範圍，亦可參照本勢原理走化，唯走化曲線宜適中，並注意保持中軸的穩定度。

第十二勢 化捋揉化

前弓後箭　對拉拔長　旋轉自如

不急不徐　前後迭盪　隨勢沉浮

身形圓展　縱放屈伸　進退有據

輔助說明

1.太極拳講求「八方勁」，以及「相生相剋」的拳勢對應關係，「捋」勢的運用，無疑是最佳的體現，且亦為太極拳愛好者，進行揉(推)手練習時，常見的手法，因此，本項功法將「捋」與「化捋」排入定勢定步揉化的末勢，期待練習者，不管是「捋」或「化捋」，都能養成「守中」的習慣，避免失勢。

2.一般而言，練習者在做定步練習時，面對「捋」勢，最常採取的對應方法，就是當對手「捋」時，身形下沉後坐，或順勢向前靠出，這種作法，處理不當，會有兩個缺點，其一，身形下沉後坐時，手部力量容易與來力相抗，形成頂力，且當對手「聽」到下沉的迴力時，順勢前按，自己便容易被下沉的慣性帶動後仰，造成失勢，其二，順勢向前靠出，除了身形前傾，滯留在對手控制區，對手「聽」到來力時，如再順勢側推，亦無法守住中定，一樣會有失勢問題，因此，本項功法認為，如何不移動步伐，不丟不頂，隨著捋勢化捋，進而採取捋勢，其要訣，就在於身形的「上浮下沉」、「對拉拔長」，亦即，除了下半身，往下沉外，更重要的是上半身，要隨著來力，往上浮，讓上下身形成 S 形圓弧，且利用上半身順勢迴盪，保持身形的穩定，以及進行下一波的攻勢。

3.本勢練習的基本手法，在於以手掌探(滾)進對手大手臂內側後，以身形帶動手臂，往己方 45 度斜角捋帶，除了要注意「不能往自己身上捋」之外，手臂向前時，身形要同時向後，手臂向後時，身形就要同時向前，才能有效穩住身形，而捋帶的位置，剛開始練習時，以對手大手臂內側為目標，但熟悉捋勢的節奏與路徑之後，也可以試著練習捋帶小手臂或腰側等位置。

第十三勢 自由揉化

沾黏連隨　不丟不頂　進退有依

聽問引化　一波三折　隨拿隨放

亂中有序　攻防無跡　變幻莫測

輔助說明

1.本項功法前十二勢，每一勢雖然都有各自的變化，但大抵上，都是守在類同的身形與手法範圍，而第十三勢則無固定手法，亦即第十三勢，旨在檢驗前十二勢的自由變化與運用開展程度，故第十三勢名為「自由揉化」，實為前十二勢的總驗收。

2.本項功法的練習要領與次第，以身形為先，後加入手法與步法，身形重在「鬆身扎根揉化」練習，身形手法的協調性，則以「十三勢揉化」套組為要，身形手法均有一定基礎之後，再加上活步及揉散手套路練習，故「十三勢揉化」的定步套組練習，可謂「承先(指鬆身扎根)啟後(指活步揉散手)」，是整體功法練習的樞扭。

3.練習者在練習本項功法時，於前十二勢各自熟悉之後，可以先按功法順序串連練習，等到更熟悉之後，即可以打破順序，以「亂碼」隨意隨興走化，讓太極揉(推)手進入「亂環」，但這還只是建立在雙方和諧走化的條件下，完成整套揉手功練習，真正的功夫，尚需假以時日，讓揉手功的圓，能夠在不和諧的壓力下，自然透出剛柔、渾厚、輕靈兼備的方勁，才算是初登太極拳術之門，而得以往更高深、永無止境的太極拳道邁進。

柒、「三不揉化」學習法則

鬆是太極拳的魂魄，沒有鬆，就成不了太極拳，進而言之，鬆不了就圓不了，圓不了就旋不了，旋不了就黏不了，黏不了就隨不了，隨不了就會犯「丟、頂」的毛病，沒辦法入榫引進落空，也沒有辦法讓陰陽自然轉換，形成極大化的能量反差放勁，體現太極拳獨特的運作模式與精神，因此，太極拳特別強調，以「用意不用力」去鬆，本項功法，則以「反者道之動也」反向思考，強調以「不勝、不負、不和」三不揉化做為學習法則，希望讓學習者在練習時，能夠放心大膽的鬆，並且透過不斷練習逐步累積經驗，讓鬆中有圓、有旋、有黏、能入榫、能陰陽相隨，何謂「三不揉化」，謹詳述如下：

一、不勝

拳者若在練習時，急於求勝，便會「患得患失」強進強攻，讓肌肉、筋骨全部變硬，沒有聽勁，橫衝直撞，雖然局部、僵直的拙力，也能發揮一點破壞力，但既不利於健康、容易產生運動傷害，更妨礙了整體勁的無限發展空間，因此，拳者在練習時，重在求順，不能以求勝為目標，力量的進出，旨在與對方進行走化練習，必須讓對方「心無罣礙」，不須擔心害怕被用蠻力推倒受傷，所以，如果在練習的過程中「患得患失」，只為求勝，用蠻力強攻，迫使對方移位，或把對方推倒，那也算是自己的失敗。

二、不負

立地生根，是太極拳成長的重要指標，本項功法以轉化為先，特別強調能夠站得穩的重要性，因此，在定步練習時，乃以重心是否穩定，腳步是否移位，做為觀察標準，所以，拳者必須做到無論對方來勁如何干擾，總要順利走化，只要無法順利走化，導致重心不穩，腳步移動，也算失敗。

三、不和

道德經有云：「萬物負陰而抱陽、冲氣以為和」，其中的「冲」字益顯重要，經不起激盪，「和」就沒有生命力與內涵，所以，求鬆，雖不可以「鬥力」，但必須要適可而止的「逗力」，才能試鍊並創造出鬆的開展空間，因此，如果為了求和，在練習揉(推)手的過程中，雙方只是在手腳上「虛應故事」，沒有一點出入勁的對話，對太極拳扎根與轉化能力的提昇，很難有所幫助。本項功法認為，練習時，雙方不能為了求「和」而和，必須在「不和」中和，彼此必須要能適度的放勁，亦即「留力不留技」，在不使用蠻力的狀況下，在對方身上作工，彼此「逗逗力」，才能幫助彼此開展根盤，以及磨掉身上稜稜角角的拙力，讓身型與走化的軌跡，越來越渾圓而穩定。這種彼此幫助，共同成長的揉(推)法，也才符合本項功法定義「三不揉化」的成功標準。

捌、功法釋疑

一、如何求「鬆」

(一)、要能分辨「鬆活」與「鬆弛」之不同：

本項功法認為太極拳的鍛鍊重點，旨在求「筋骨」與「氣血」的調和，因此，求鬆，除了不使肌肉緊繃，阻塞氣血循環與拳勢運行外，宜專注於「三關九節」(脊椎系列的頸椎、胸椎、腰薦椎，手臂系列的腕指、肘、肩膀，以及腿部系列的踝、膝、髖骨)的自我觀察，透過整體「身形」、「氣息」與自然節奏的相互調合，讓身體的能量場呈現流暢、均勻、飽滿的狀態，這種狀態能形成具有網絡調度能力的「勢」，這種「勢」，雖「不用力卻有力」，且能產生兼具「柔韌沉重」與「輕逸空靈」不同特色，復能自由交換、變化之力，這也是檢驗本項功法鍛鍊，是否已入佳境的重要觀察。

身體無法放鬆，關節自然無法圓轉，所以，處處是稜角，處處是打點，不過，如果誤解「鬆」的意義，放鬆的結果，全身的關節好似鬆脫的鏍絲，外力進來，不但喪失原有的基礎支架作用，搖晃之間，也會造成關節勞損，因此，我們必須重新學習感受「鬆」的定義，故本項功法，首先運用「鬆身扎根」的方法，讓拳友從四面八方不同方向的推力，不斷的感受、校正，如何在「鬆」的情況下，保持中軸的穩定，以及化解來力，實際體會「鬆活」跟「鬆弛」的不同現象與作用。

（二）、拳勢要有浮沉，才能陰陽相濟：

雖然夠鬆沉才能接得住地力，且讓力點遠離支點，形成支架，透過槓桿或滑輪作用，產生反作用力，但太極拳要陰陽互為其根，讓拳勢如水般載浮載沉，才能形成「出圓立方」的運轉能量，所以練沉的同時，不要忘了太極拳的另一面--「浮」。更重要的是，練習本項功法時，要專注在每一個轉化的「過程」，中軸是否穩定，陰陽浮沉是不是有凹凸、缺陷、斷續，才能逐漸從「鬆」、練到「韌」，練到「彈」，過分在意「結果」是不是被推出去，或許一心只想把對方推出去，不但「鬆」不容易進步，也會越練越硬、越練越僵，「揉手」不知不覺就變成「硬手」。

（三）、鬆是一種「陰陽調度無礙的狀態」：

最後，如何檢驗，有沒有「鬆」？是不是已經「鬆」？有沒有越來越「鬆」？各家太極拳的說法不一，同時也是一般練習者最感困惑之處，本項功法認為，鬆是「陰陽調度無礙的狀態」，由鬆創造出來的外型，可快可慢，可輕可重，可高可低，而非只有輕、慢一途；換言之，鬆是「讓拳勢處於能自由轉換的狀態」，拳者必須練習在「多方位」即不管那個角度、「多速度」，即不論快慢，「多重量」，即不分力量輕重，都能讓身體機能調度自如，處在平穩的狀況，簡約來說，可先從「筋骨的調度速度」與「吐納的氣息穩定度」來判別自己有沒有「鬆」，如果不論接勁角度的高低，速度的快慢，力量的深淺，筋骨都不會僵滯，始終處於彈性飽滿狀態，呼吸亦能保持勻順，不會氣喘如牛，那就表示，已有一定程度的「鬆」，至於是不是越來越「鬆」，可以往這個方向自我觀察與提昇，因此，有沒有「鬆」，最主要的答案，是在自己身上，而不只是在別人手上。

二、如何求「師」

(一)把自己身體當作最重要的啟蒙老師：

現在是資訊公開、知識爆炸的年代，要瞭解太極拳的道理，電腦打開，Google 一下，俯拾皆是，太極拳雖然非常重視心法，但所謂的心法，總該有個觀察點，本項功法認為，自己的身體就是自己生命中「最真實、最親密的境界」，心智的習性與成熟度，通常是透過肢體做最直接的反射，因此，透過身體自然應變能力的成長去實踐心法，觀察心靈的真實境界，效果才會具體而微，也不致於淪為空談。

所以要把自己身體當作最重要的啟蒙老師，學習太極拳的第一步，首先，要懂得傾聽自己身體內在的聲音，用「輕鬆」但「專注」的心情，隨時來回地自我調整、修正，學習讓自己在外來壓力下，保持從容、自在，不受干擾，這樣的學習，才有具體目標，才不會人云亦云，一輩子在「到底該軟或該硬」的迷思中打轉，莫終一是。

至於自我調整的方向，本項功法認為，「順」是關鍵，勁順了也就「整」了、「活」了，勁整才能渾厚，勁活，才能輕靈，才有辦法「守中」、「藏中」。因此，能夠瞭解自己的身體勁線，往「順」的方向練，太極拳揉(推)手的發展才不會誤入歧途。

另外，太極拳要練得「到位」或「入味」，與外界的作用力，能夠做到「同步進出」、「動態和諧」反應，最重要的是在鬆的基礎上，養成「隨曲就伸」、「圓、旋、黏、入榫」的身體記憶，所以，如果沒有揉(推)手的具體實踐，只是嫻熟拳架，或者單靠「腦袋記憶」，去背誦、理解一些太極拳理，遇勁還是容易散亂，在太極拳武藝的培養上，實屬「美中不足」。

(二)以餵勁為主軸，營造一個有方向與溫度的學習團隊：

其次，太極宗師熊養和公留下「三問堂」遺訓，即以「問師、問友、問自己」，尋求太極拳練習的進階模式，本項功夫認為，學習太極拳，最好能將揉(推)手當作一個重要的學習工具，而要練好揉(推)手，最需要的學習對象，除了靜心聆聽自己內在感受，不斷自我校對、調整以外，「師、友」是另外二個非常重要的角色，而所謂的「師」，不一定是一位發放能力極強的武林高手，更重要的是一位有耐心，手感良好，而且肯針對練習者不同的身體素質，「收放自如」，施以適當勁道，予以「餵勁」，逐步引導、培養、活化、開發練習者「身體勁線」的老師；而「友」，則希望練習本項功法的拳友們，都能懷有一顆共同分享、彼此包容的心，讓整個學習的團隊經營，不但有健康，有方向，而且有溫度。

總之，希望練習本項功法的拳友，都能以成為一位有耐心，而且手感良好，能夠「收放自如」的「餵勁者」自許，以成就拳友健康與技藝，而非只在乎勝負，一味追求個人技藝的提昇，「以技服人」還要再加上「以德服人」，太極拳的學習才會圓滿；而且，其實「助人即為自助」，不斷幫助別人「餵勁」、「節節鬆開」、「節節連動」的過程，也是自己不斷「練勁」、「節節貫串」的過程，苟能如此，驀然回首，一定也會發現，原來幫助別人修練，其實才是逐步成就自己健康與功體的最大基石。

三、如何練習本套「揉手」功法

（一）以淺接生養為基礎，分階段，循序漸進：

按本項功法的基本概念，在於認為「技擊法應建立在養生法的基礎上」，因此，在初學者勁力尚未建立之前，宜先以淺接方式練習，讓其身體受力後，仍能安然處於放鬆、開展的圓轉狀態，這是養生法，也是步入技擊法之前，必須建立的基礎。

所以，練習本項功法，第一階段，務宜以淺接的方式進行，並依下列順序，循序漸進鍛鍊：

1.以鬆身扎根揉化的方法，培養基礎的聽勁、根勁以及連結身體主線的感應能力。

2.以單勢，個別練習前十二勢揉化手法，去除身體稜稜角角的僵力。

3.在單勢練習，熟悉個別的手法運作路徑後，串連二個以上的揉化手法，培養「聽問」、「引化」、「勢勢相承」的基礎能力。

4.綜合前十二勢揉化手法，打破順序，以亂碼進行第十三勢的自由揉化練習，以培養身上隨勁捲屈伸張，網絡性的自然反應能力。

5.在身法與手法鍛鍊成熟之後，再輔以揉散手套路的活步練習，讓太極拳的「身法」、「手法」與「腳法」，「定步」與「活步」都能相互關照對應。當完成上開各階段的淺接練習後，年紀稍長且無技擊鍛鍊興趣的拳友，依然可以不斷的以淺接方式，循環練習，讓身形越來越圓活，氣血越來越流暢，以達到養生的目標，而有興趣進一步探索太極拳技擊奧秘的拳友，則可再進入下一階鍛練習。

（二）以筋骨接勁，讓身形逐步穩定厚實，為技擊法建立基礎：

有興趣進一步探索太極拳技擊奧秘的拳友，則可依下列順序，再進入下一階鍛練習：

1. 開始練習以筋骨接勁，唯仍保留第一階段的練習方式，力求開展，在此階段宜注意，雙方雖然各自給予對方壓力，但壓力仍不宜過重，應以保持不讓對方失勢為原則。
2. 如雙方施以筋骨之力，仍能流暢以開展的方式，相互引勁、化勁之後，雙方施予的力道與運行的軌道就可以越走越緊湊、縝密，且以不同的輕重、速度、角度，相互干擾，彼此試鍊。
3. 這個階段是本項功法步入成熟的時期，除「聽問」、「引化」以外，可以開始練習「拿發」，而所謂「拿發」，最重要的是培養瞬間感應對手重（中)心與陰陽轉換缺陷之所在，隨時變點，從四面八方乘虛而入。而變點的技巧，於在「節節鬆開、節節連動、節節貫串」的條件下，以「先合後開、開而後合、隨合隨開、隨開隨合」的陰陽變化，隨勢轉換施力的角度、方位、速度與重量，「即合即出」，從經驗累積中，逐步提昇發放的準確度。

(三)順勢者，即順圈、順重、順關節、順肌裡的穩定節奏感：

本項功法，不論是「鬆身扎根」或「13 勢揉化」或「揉散手套路」，對於剛開始練習的拳友，因為筋骨尚未柔化，身體的稜稜角角太多，且耐受力不足，餵勁速度不宜過快，角度不宜過大，施勁不宜過深、也不宜過軟或過硬，更不要老是餵在同一個區域或角度，務宜學習從各個不同區域、角度餵勁，從餵勁中用心感受練習者的身體回應，幫他找到順勢的感覺，亦即找到順圈、順重、順關節、順肌裡的穩定節奏感；當然，為了讓練習更為有趣，以及避免局部身體區位的過度練習，反而造成勞損，影響健康，餵勁者可以逐步感受練習者對本項功法的熟悉及穩定狀況，以及其學習動機，讓練習的次序，彈性調整，除「發放」功夫不宜太早練，而且練習發放時也要「點到為止」，如果對方失重導致腳步移位，就要馬上收力，以避免受傷外，可以讓練習者自由選擇練法，讓其覺得「好玩」，最後，才會「玩得好」。

另外，當被餵勁到一定程度，下盤逐漸穩定後，自然不容易被推動時，也要注意保持「轉化為先」的練習習慣，這也是本項功法，一貫強調，不以強力發放為主軸的學習精神，否則，勁整反而容易變硬，硬手硬腳的硬功夫，不但難以體現太極拳獨特的精神，更難「以意帶形、以形導氣、意氣相隨」，提昇身體筋骨與氣血循環的素質，且碰撞性高，對身體健康不見得有幫助，甚至容易引發學習上的人際衝突，要特別謹慎。

四、如何避免受傷

本項功法的核心思想，不在與人競爭，而在自我提昇，因此，當進入技擊法練習層次時，可與各家拳友試手，但目標不在輸贏，旨在瞭解自身陰陽轉化的盲點，以便善加調整，尤其，應避免逞強鬥勇的激烈拉扯，以免產生跌撞撕裂的傷害，另外，在自我練習的過程中，也要避免二種可能的傷害因素：

(一)方法錯誤：

本項功法的練習，貴在使九大關節，能夠形同一支訓練有素的軍隊，團結一致、分工合作，平均分攤外來壓力，或者讓九大關節能夠完整協調的收放勁力，「順了」自然就能達到「以整體的小力勝局部的大力」的結果，因此，著重於身體流暢度的練習，並認為如果練習的過程或結果，身體流暢的動能不足或過度集中練習以身體某部位發力，即容易形成傷害，這種現象，通常發生在肩膀、膝蓋以及髖關節。肩膀跟膝蓋，常因被誤用，作為力量的支點或發力點來使用而受傷，髖關節則因太集中進行腰胯轉換以及發勁練習，導致過猶不及，產生勞損，均應注意。

(二)過度鍛鍊：

俗云：「小勞養生、大勞傷身」，「練太極，莫太急」，功夫是逐漸成長出來的，不是突然製造出來的，尤其太極拳是「細火慢燉」的拳種，需要有足夠時間涵養，練習者切勿因自我期許過高，因而貪快而過度練習，以免偃苗助長，讓身體的生養失衡，形成運動傷害，有違太極養生的本意。

此外，太極拳功夫的提升，在不同的練習階段，都必須經過明明昧昧的「天人交戰」過程，要有「做中學」與「錯中學」的實證精神，因為犯錯而受傷，在所難免，因此，要培養在一片錯、難交陳的情境中奮力前進的勇氣；錯、難，猶如竹節，看似滯礙盤旋處，實為蓄養支撐點，如能善解，亦可借力助長太極拳境界。

五、如何避免膝蓋受傷

因為經常聽到或看見，太極拳打得虎虎生風或者優雅柔美的拳友，甚至已經得獎無數的教練級或老師級的拳友，膝蓋也會有問題，因而讓有心學習太極拳者卻步，甚至引來不少疑惑，練太極拳到底是有助健康或有礙健康，個人的體會，太極拳的學習，當然有益健康，尤其是對有一點年紀的人來說，學習太極拳，不論是身、心、靈，都可以學習到一些從容與自在，這對一輩子都在萬丈紅塵中打滾的人而言，真是不可多得的生命饗宴。

承上題認為，練習太極拳會受傷，通常來自「方法錯誤」或「過度鍛鍊」的結果，那麼，為何訓練有素，動作標準的拳友，膝蓋還是會受傷，吾人以為，拳者除了陷入用「膝蓋蹲地」，而非以「沉身接地」之誤區外，問題還可能是出在於：

(一)認為太極拳只有一種標準打法：

每天在同樣姿態(高度與角度)下自我鍛鍊，最後導致都是同一區域或同一個角度的身體筋骨結構在支撐，造成該區域或該角度的筋骨過度磨損或過勞，而產生病變。

(二)認為太極拳打得越慢越好：

因為慢，所以肢體負擔加重，因為太慢，內勢無法利用自然迭盪的迴力運轉，就好像推動車子一樣，推一下使輪子動一下、停一下，再推動一下、再停一下，每一個轉換都是一個新的推動，因此，非常耗損體力。

(三) 太刻意著重於下盤鍛鍊

為了下盤穩定，不斷練習沉力，身上的負荷全以下半身在支撐，尤其在比賽前，持續增加練習的頻率與時間，導致肢體負荷過重，特別是膝蓋部位過勞。

基於上開三個可能造成膝蓋受損因素的體認，筆者認為，除了確實作到「沉身」，而非「蹲腳」外，如果再輔以下列三個觀念打拳，或許會有所改善：

(一)不必拘泥於固定拳勢

就拳勢運作的角度而言，在還沒有完全熱身前，先打高架，再逐步把身形放低，或有時打高架、有時打中架、有時打低架(註：也有老拳家認為，拳每次應打三遍，第一遍鬆身、第二遍去僵力、第三遍才是養功)；就拳勢流轉的速度而言，也可以隨意調節，讓身體的訓練區域分散，讓拳勢運轉的節奏感更加流暢；太極拳拳勢與勁道的運行，除了找到最好的角度與路徑外，更重要的是找到無限可能的角度與路徑，這也是本項功法希望能打破單一、直線思考，邁向多元、多軌思考，實現太極拳亂環、亂中有序運行軌跡的一貫主張。

(二)打破越慢越好的迷思

拳勢打得慢，固然可以增加拳者對每一處拳架佈局及氣感的自我覺察與培養，但也很容易導致「滯勁」，流暢的拳勢像推車，在車子推動後，讓輪子一直處在轉動的狀態下，推車是最省力的，太極拳是一門講究省力的學問，因此，要懂得「運用進行中的動勢打太極拳」，才會輕鬆自在。

（三）應著動在全身的連動感應

下盤以及沉力的鍛鍊固然重要，但更重要的是全身流暢的連動性，所謂「周身一家」，尤其，太極拳的拳勢要「載浮載沉」，如風似水，任運自然，才會有太極拳所謂「邊運動邊休息」的效果；亦即應練習「沉力與浮力」的共濟效果，而非一味練習沉力。拳友可以從有經驗的挑伕會就其肩挑重物的重量，選擇彈性適當的扁擔挑重(註：物重不一樣，扁擔適合的柔軟度也不一樣)，以浮沉之勢分散壓力，以及拳經拳論「沉肩墜肘」與「虛靈頂勁」的對立統一，去體會打太極拳，「沉力與浮力」應同時存在、相互補足之勢，以及從「上下相隨、內外相合」去體會「沉力與浮力」彼此流轉的省力作用以及「沉勁與頂勁」對拉拔長的共濟效果。

六、為什麼主張「用意不用力」

因為初學者用力的習慣，通常只會用到肢體局部或肌肉淺層的力量，不但會把身體及力量練得僵直，而且局部或淺層的線性用力方式，無法有效收放，會造成身體無法自主的搖晃、洩露身體重心與中心點，並使重心浮起，形成對手的「打點」，讓對手有可乘之機，更會散亂的讓力量自我拉扯，形成內耗，抵銷能量或破壞全身整體調度的自然力量，這種現象例如揮鞭或跳彩帶舞，如果鞭尾自作主張，不順從鞭頭的出勁方向與節奏，結果會是如何自明；太極拳能力的提昇，是從原本只能用肌肉「局部或淺層發力」開始、到懂得用筋骨「整體及深層發力」再提昇到隨心所欲不逾矩，可以宏觀調控「輕靈發力」的境界，因為最後能達到以靈活、多區段、波浪、旋轉關節槓捍以及滑輪等千變萬化的作用，順勢自由調度引導全身力量，以應付對方局部與飄浮的肢體力量，故能四兩撥千斤。

不過，所謂「用意不用力」，在練習時，除了要特別注意用「意」去深層感應，增加「筋骨」與「氣血」循環調度的自由度，以提昇健康素質與武術技藝外，更要注意，除了不要「刻意用力」，也要做到不要「刻意不用力」，否則，就容易弄巧成拙，落入誤區，讓太極拳的拳勢走向「鬆馳」的歧路，綜而言之，太極拳是強調以「用意不用力」的方法，來達到最後「不用力卻最有(利)力」

的效果，如果有所誤解，練了一輩子太極拳，也就只能在拳友充分配合，刻意提供打點與不頂抗回擊的條件下，才能感覺良好，順利發送對手，而無法得到太極拳真正的功夫。

七、搭手的練習要領

「搭手」，並不是太極拳獨有的練法，筆者所見過，在「鶴拳」、「意拳」或「洪拳」等拳術，都有類似的練法，就太極拳而言，「掤勁」是太極拳八勁之母，練習推手者，常從「平圓推法」開始練習搭手的掤勁，但困擾的是，如何練習「搭手」，其說法不一，輕重如何拿捏，經常困擾初學的拳友，有些練法主張絕對要「輕」，不得相抗，才能練出「輕靈勁」，才符合太極拳「不頂」的原理；有些練法則主張一定要「重」，才能練出身體的結構力與臂力，一接手就固若金湯，不會處於敗勢！

按本項功法的見解，「平圓推法」，即搭手練習的方法是否正確，效果是否良好，可由下列二端觀察：

(一)搭勁輕重不是問題，無法順勢走化才是問題：

搭手練習其正確與否，不在雙方搭勁的「深淺」，亦即問題不在於以「硬著陸」或「軟著陸」的方式搭勁，最重要的技巧，在於如何調適雙方運勁的「和諧」程度，如果勁搭得「坑坑疤疤」,「勁接不上勁」，深淺都不對。其實,「軟著陸」讓勁搭得淺，止於毛皮，可以訓練「走勁」,「硬著陸」，讓勁搭得深一點，可以訓練「化勁」，勁搭得更深，可以訓練「絞勁」，勁搭的深淺，可以達到不同的訓練效果，無關對錯，而且每一種勁都要練，揉(推)手才會有「整勁」與「輕靈勁」不同向度的能力支撐，並且交錯運用，變化萬端，產生「人不知我，我獨知人」，以及「制人而不受制於人」的效果。

只不過，這三種不同的搭手練習方法，要非常注意順序，才不會誤入禁區，把勁練弱或者練僵。按本項功法的看法，初學者，在勁沒走順之前，兩勁相接要止於皮毛，才不會把勁練僵或把身體練傷，等到腰胯順了，勁活了之後再由淺入深，亦即先從淺中求圓，以活其氣，氣順之後，再加重接勁，在深中求方，以立其骨，當然，深了之後，也必須再入淺，來回交錯的練，好比打鐵一般，百鍊鋼才能化成繞指柔，揉手的技術才會有更穩固的功底。

(二)要有從陰陽走化中，創造迴力的自然效果：

在練習的過程當中，資深的拳友，要有帶著初學拳友練習，幫助其把勁走順、走圓的意圖，而非著意在保住自己拳勢的飽滿與中定，不被對方侵入，或讓對方進也不是，退也不是，藉以示己之強；尤其必須注意雙方的勁有無相接、相合，而非彼此抗拒；勁也不能有去無回，或有回無去，只走半圈，另外，剛開始練的時候，用毛皮相接，走順了，並不代表已經練出輕靈勁，不能因此而洋洋自得，或認為只能這樣練，或只有這樣練才是對的，須知「整勁」是「輕靈勁」的基礎，沒有「整勁」，就談不上「輕靈勁」，同門之間「留力」的練習，不叫輕靈，只有在急速攻擊，勁一樣可以聽得清楚，走得乾淨，並且還可以自然產生迴力的勁，才是「四兩撥千斤」的「輕靈勁」，難度頗高，而且，如果一直停留在彼此留力的練習狀態，要練出有渾厚功底的輕靈勁，應該也是沒有可能的事情。

還有，勁有無走順的觀察點，可以體會一下，兩勁相接的感覺，如果接勁如車子走在巔簸的路上，氣息散亂、失序，或者雙方互相爭道，經常卡住，進退不得，就是不順；如果像船航行在海上，不管船的輕重，吃水的深淺，水都能在浮力與沉力交相作用的條件下，讓船身順勢載浮載沉的前進、後退，就是找到接地，讓身體陰陽交互調節的結構力，亦即「掤勁」，這才是踏出練習揉(推)手成功的第一步。

八、如何適當掌握力度

本項功法主張所謂「用意不用力」，其重點在於「不要刻意用力，也不要刻意不用力」，因一刻意，身體的協調性與節奏感，便將受到干擾而失序，並認為「所謂鬆，就是讓身形處於最自然的狀態」，唯有讓身形處於自然狀態，勁力運作，才能與天地合拍同軌，發揮穩定且極大化的作用，而在練習揉(推)手時，如何掌握適當力度，讓太極功體與日俱進，謹再分享以下觀念，作為參考：

(一)沾黏貼(連)隨，以「隨」為核心，且是一個連續性的過程，其技法表現，宛如抓鳥，太早出手與太晚出手，都難以把鳥控制在手中，所以快慢不是問題，時間點的掌握發生落差，才是問題。

(二)鬆化之練習，應該是試著讓自己做到與對手對陣時，力量在「意」的調度下，不論輕如鴻毛或重如泰山，都能隨意而現，且二種感覺並行不悖，沒有障礙，所以輕重不是問題，沒有辦法自由調度，才是問題。

(三)「鬆」旨在去除能量的自我干擾，讓能量的發揮沒有障礙，因此「鬆」，旨在去除能量運作的路障，其本身並非能量，但不「鬆」，能量的換度不自由，也就沒有辦法讓能量產生極大化的效果，例如耕作，鬆土是必要的，土不鬆，莊稼沒法子順利成長，但也不是土一鬆，就有飯可吃。

(四)太極能量的來源，有「天、地、人」三方條件，要學習讓自己的能量，與天地人相接相借，即：

1.湧泉接地、百會接天，借接天地之力。

2.九大關節鬆開、連動、開合、貫串，借接己身之力。

3.順應來力，虛實分明，借接他人之力。

九、如何掌握適當身形

不少拳家認為，練習太極拳，百會與會陰，膝與肘都要上下一條線，呈現「膝、肘定位」與「圓檔」狀態，本項功法認為，動作要在「相對固定」與「絕對放鬆」之間找答案，而所謂「一條線」，是直線或曲線，其細部運作方法如何，則有再進一步說明的必要。

按本項功法口訣：「全身連成線，腳底陰陽變」，所謂的「身線」，在不受力的「無極狀態」，從湧泉到會陰再到百會是一條直線，受力之後，彈性變形，對拉互補，產生「太極分陰陽」之勢，便成 S 形曲線，能量由丹田自然輻射竄出，下接湧泉，上承來力，宛若不倒翁，隨順對方力量運作方向，綿延不絕，做陰陽同步的身體圓周曲線變化運行，並流轉成亂環狀態，最後形成一股具有網絡張力，自由、穩定、綿密立體的體勢。

因此，練習本項功法時，拳者觀察自己身形的要訣，可從動作「相對固定，但絕對放鬆」去體悟，看看自己全身是否放鬆(註：不是放軟)，尤其是肩肘與雙胯是否自然墜地，於動(重)力定型後，「胯走下弧」的相對物理位置，下盤是否能夠透過胯勁的收攏，形成類似「拱橋」般的張力，而能穩定盤旋在適當的區域，如是，就會有堅實的扎根效果，不需要一成不變的認為全身一定要保持「一條單一的垂直線」或只能在某一角度的物理「定點」上下功夫，否則，只會徒增「打點」。

「鬆」是學習太極拳與揉(推)手最大的技術瓶頸，如何把鬆練對練好，出圓立方的掌握身形核心，使其具有網絡調度的穩定張力，可以再舉幾個例子輔助思考，其一：以投石入水為例，如入水點是丹田，水面泛出的第一個重要內圈即是胯圈，且因石頭的大小、重力不同，水面隨圈漾出的漣漪效應範圍亦有不同，從中體會受力後身體的太極圈結構(註：隨受力處之遠近多寡，身上通常在丹田以外，還會有多個太極圈形成交互作用)。其二：以購買西瓜或蘿蔔為例，通常需先判斷是否實心，因為空心的品質不好，如果丹田起不了作用，身體勁力的進出，根源就會鬆散，像空心的西瓜或蘿蔔一樣，品質絕對不好。其三：以圓規劃圈為例，必須圓心穩定才劃得成圈，同理，太極拳以丹田為運轉核心，必須有下弧(腳、腿、胯)的穩定支撐，圓心才會穩定，上弧(腰、胸、手)也才能隨之穩定成圈，掌握上、中、下三點，在時間與角度上合而為一，互相穩定支撐，是太極拳「整勁」的關鍵因素。

最後，吾人亦可「倒果為因」，從效果上反芻練法的正確性，大抵上，有三個校正思考方向：1.腳上能扎根。2.身上有彈性。3.手上有開合，就像樹的成長，「有根」才不會被拔起，「有彈性」樹幹才不會被折斷，「有開合」樹葉隨風飄搖，阻力小，樹才能屹立不搖。

十、如何做好沾黏貼隨

聽勁是太極拳訓練的重要功課，其具體的表現，在沾黏貼隨的運用程度，沾黏貼隨又以「隨」為技術核心，要能夠做到「隨」，不掉脫的沾黏勁才能用得上，而「隨」要做得好，首先，必需能夠體悟「隨」字的意思，什麼是「隨」，淺白來說，可以用「跟著走」來解釋，其中「跟」屬被動，為陰，「走」屬主動，為陽；「跟著走」，就是在被動中有主動，主動又未逾越被動的分寸，亦即「跟著對方來力的方向走、但順勢引化走向我方需要的位置」，形成陰中有陽，陽中有陰，「陰陽互為其根」的共濟狀態。

因此，總括來說，「隨」的功夫做不好，其根本原因，通常在於害怕處於敗勢，不願意跟；功夫不到位，無法跟得上或誤解隨的意思，盲目的往敗勢的方向跟，因為跟不好，自然走不了，所以「隨」字，如果做得好，通常是「跟著上」，並且「走得了」，也就是能「同步」的跟，以及往「順勢」的方向走，在推手千變萬化的動勢中，不受對方干擾，保持自然穩定平衡。

另外，「鬆」也是「隨」的前提要件，緊張、急於當家作主，容易使周身「凹凸、斷續、缺陷」，都不利於「隨」，所以要用「鬆」，從潛意識中打破「盲目蠢動」的習性反應，才能漸漸感受領略，透過做到「隨」，而得到來去進出、盡皆無礙的沾黏貼隨運作效果。

十一、揉手功是否適合推手競技

練習揉手功的目的，最重要在於增強身體的健康，其次，也適用於推手競技，但如果把揉手功的套路都練好、練順，是不是就表示，能夠在揉(推)手競技中立於不敗之地？其實，還不夠！揉手功套路重在增強身體的柔韌度與自然反應能力，可以作為建立揉(推)手能力的基礎，但功夫的深淺，則在於持續的累積過程，尤其，就如古德所說：「在平時，定功如有十分，在睡夢中，剩下不到一分」，在太極拳的領域中，「靜中功夫如有十分，在動中，功夫可能剩下不到一分」，因此，拳架套路打得很好的拳者，如果沒有實際的揉(推)手經驗，一碰上對手，功夫很難使得上力，而 13 勢揉手功，練習的是相對性的勁線軌跡，先就大方向的身體運轉路徑，形成「軌道感」，因為練習者走的路徑、方位，配合練習的拳友不會刻意圍堵，封住勁線，所以，好比在靜中練習，相對容易，一旦到了動中，對手進行奇襲式的干擾，即顯得難以應對，那是很自然的事情。因此，若有心朝向推手競技深化進境，那就只有一條路——朝增加身體的協調度與抗壓性，不斷再練。《論語》第一篇〈學而篇〉第一句就說「學而時習之，不亦悅乎」，只有不斷的練，才能由熟生巧，再由巧中生變，不斷找到足以應變，深化進境的喜悅，有位法師說，學佛必須「融為骨髓，化成個性」，學拳亦復如是。

十三勢揉手功，學習初期，在靜中，亦即固定的招式中，只要上下兩端沉勁與頂勁互補支撐，即能保持平衡，展現太極拳譜【立如平準】與【活似車輪】的功夫，但在動中，進入亂環軌道的空間實境，尤其是不規則的受力時，要保有穩定的動態平衡身形，除了根要夠穩，具有【支撐八面】的能力，聽勁的精準度，也是一項重要關鍵，在靜中練習，好似打「固定靶」，在動中練習，亦即進入自由揉化階段，好似打「活動靶」，難度相對提高，而在武術叢林中，只有練就能打活動靶的功夫，才是真功夫，也只有透過不斷的練習，逐步的累積，才會「融為骨髓，化成個性」，讓功夫上身。

十二、什麼是揉(推)手競賽勝負的關鍵

練習十三勢揉手功的要領，在於體會跟對方接勁的感覺是相互引導，而非將其排拒在外，形順了只是起點，最重要是日積月累的養功過程，功還沒養成之前，遇到根穩氣沉的對手，如果對手不是心存禮讓，或者善意陪練，還是會被對手予取予求，毫無招架之力，就算勉強頂抗防守，還是無處閃躲，甚至，沒兩三下就氣喘如牛，也是正常的事。

因此，只有一句話「功大不講理」！遇到對手的「功力」比自己深厚，就會是進也不是退也不是，沒啥好說！所以，在「形」沒問題之後，更重要的，就要往「功」去累積，太極拳可以「以形養功」，但勝負「在功不在形」，而何謂「功」，「自然就是功」，所謂「拳打千遍、身法自然」。

正確理解「鬆」的意義，讓身形越鬆，轉化就會越自然，轉化越自然，功底就會越強，要達到「步法自己走、手腳自然出、見縫就會鑽、臨危自己閃」，也就是本項功法所強調的「身體自然記憶」，身體回應來力的自然度與正確性越好，累積功底的效果就越好，亦即越能不

假思索，身形穩定，順勢走化發放，就表示功力正在進步中。而「功力」的養成，需要靠歲月與汗水的累積，以及自己的感悟能力，也只有點滴在心頭，別人只能告訴方法，在過程中陪伴，協助調整外形，以及反覆練習而已。

不過，人上有人，天外有天，不管怎麼練，強中自有強中手，如果一味只想加強功力，把揉(推)手當做極限運動來練，到年邁時才赫然發現傷病纏身，就為時已晚。所以，本項功法的成長目標，並非重在追求「第一」，而旨在探索「唯一」，亦即運用太極拳揉(推)手的技巧，找出最適合自己，且獨一無二的身心運作軌跡，不斷深化進境，得到自我的身心安頓，這也才是本項功法所認為最好、最終的太極拳贏家。

十三、如何自我觀察揉(推)手有無進步

本項功法認為，太極推手雖係屬武術的一環，但在練習上，務宜去除惡意攻擊的意念，要把對方看成「拳伴」，而非「敵人」，攻防旨在相互提醒，糾正錯誤的身形、手法。

鬆身扎根與十三勢的身形、手法，是否越來越熟，

越來越順、越來越巧，亦即越來越不會有一種「有稜有角，經常卡住或站不穩」的感覺；所謂「熟」能生「巧」，「巧」能生「變」，「變」是一種身體上的「直覺」，不假思考的自然反應，而進步是由生到熟，由熟到巧，由巧到變的過程，「有直覺」、「能應變」，才是真的已經將太極揉(推)手內化成為自己生命的一部分，功夫的運用，才會有無限的可能。

再者，太極拳的拳術特色是「不丟不頂的沾黏勁」，所以，不論是走、化、絞，接勁的深淺程度如何，都要學著去體會接勁的「和諧」度，接勁要「合拍」，順勢互相纏繞，不論是「開」、「合」、「立」、「破」，都要「綿延不絕、摺疊往復」，因此，在練習的過程中，如果您是屬於原來手法剛性過強者，力道是否已去掉不必要的稜角，由剛轉柔，但在柔中亦保有剛勁；如果您是屬於原來出手接不上勁者，是否漸漸能接上，柔中能帶剛，培養出來自身心結構完整的「氣」與「勢」。

不過，太極拳的氣勢不一定要外放，否則，遇到強者，徒增其防衛心，遇到弱者，因壓力過大，練得不舒服，不想再練，便無以為濟；要以當一個有正向能量的太極拳家自許，而正向能量，就是有能力引導對手進步，讓他處處覺得「舒服」，這跟為人處事，實是一個道理。

十四、「以指領勁」或「以腳領勁」之辯

在太極拳界向有「以指領勁」或「以腳領勁」之辯，本項功法認為，兩者不相妨礙，因為太極拳「上下相隨，內外相合」的拳勢要求，重要的不是以上領下或以下領上，而是「上下連動」，且其中所謂的「領」，出拳時，手腳都要有方向感，好像長了眼睛的蛇頭，要能聽勁辨位，帶領勁道，深入敵營兵力最單簿之處，或者出人意表，調度蛇尾，攻其不備或攻其無法防備，有個常山蛇的歌訣「擊其頭則尾應，擊其尾則首應，擊其腰則首尾皆應」可以從中體會其間的道理。

鑑於一般人出手的習性，都是以手為先，但連不上身形與步法，因此，周家凌亂，無法形成整勁，本項功法認為，揉(推)手，雖然以「手」為名，但在練習初期，最好從用「腳」開始體會，亦即先去感受用腳接住地力，以身體為軸心，同時延伸連動到其他肢節的感覺，才會方便逐步帶動全身，產生以丹田為核心，「周身一家、上下相合」、「攻防無跡且接打合一」的幅射效果；打拳架也要有樁步合一的觀念，要練習「上下相隨、內外相合」

的連動感，才不致於只是打空拳，才能讓打拳架可以助長揉(推)手的功力。

另外，所謂不用力，是不用拙力，因此，不是把力拿掉，而是把力淨化，讓散亂輕浮的局部拙力變成渾厚穩定的整體勁道。就像水中有波，渾沌不明，想要讓水明亮照人，不是把水波拿掉，而是讓波穩定，讓波變成水，所以，不用力，並非「不要力」，而是「淨化力」，而力量淨化的唯一方式，就是「鬆」，如能鬆得很自然、自由、自在，則太極拳進境之道，就不遠矣。

十五、轉力成勁的作法

本項功法認為，「拙力」之所以有問題，在於「拙」，並不在於「力」；因為「拙」導致力量鬆散，不完整也不集中，無法形成整勁，所以出力的結果，不但起不了大作用，反而干擾自我重心，而且，自曝其短，突顯被控制的目標，因此，在去除「拙力」的練習的過程中，務宜理解以下觀念：

(一)理可頓入、事須漸除：

如何去除拙力，道理不難，眾人皆知要「用意不用力」，但如何做到，可就不容易，本項功法認為，「理可頓入，事須漸除」，「用意不用力」是一個循序漸進的調整過程，如果基本的整勁都還沒有培養出來，就談更高層次「不用力」的輕靈勁，不但捨本逐末，而且，反而容易陷入「邯鄲學步」的困境，亦即舊的方法不能用，新的方法還用不上，進退失據，越練越沒有信心，在這種情況下，想把拳練好，也就難上加難；因此，本項功法在練習階段，只要不刻意用力就行。只要不刻意用力，練久了，自然能漸漸感受到勁力進出時間與角度的節奏感與適當性，慢慢勁就順了，就整了，勁越整越順，拙力自自然然就越來越少，用這種方法讓「拙力」與「淨力」自然逐步交換，到最後形成「不用力」但「有力」，雖有力，也可收放自如、隨意調控，讓力可用也可不用的現象，如此，也才不致於落入「不用力」，也「沒有力」，因為沒有力，除非對方配合，否則，不但動不了人，還處處受制於人，因為沒有力，被推得東倒西歪時，只能老是怪罪別人「在用力」。

（二）徹底調整發力結構：

發生拙力的原因，主要在於力量上肩，只能靠大臂局部發力，導致重心位移傾斜，身體的結構接不到地力，因此，除了要把發力結構逐漸調整下降，更重要的，要多練習在同一個時間點，讓勁從丹田內轉透出，並以兩胯為樞紐，折疊對拉，向下推送到湧泉接地，向上回流到脊柱出勁，讓勁道節節貫串、纏絲旋轉射往攻擊目標，這種「以脊柱為龍、以腰胯為虎」，龍磐虎距、出圓立方的力量，可走正，顯現彈簧直勁，也可走隅，顯現鞭子側勁，有句話說：得中原者得天下，在太極拳的練習中，也可以說，得圓者得太極，不管走正、走隅，直勁或側勁，都要以圓為基礎、為核心，進行擴張或收縮，以形成既對立又統合的陰陽對流之勢，並產生難以抵檔的太極特殊動能。

(三)須有充分互動的情境式練習：

「勁」字，如果加以拆解，可以發現包括：左上邊「一」，屬周身一家；左中間「巛」，屬如潮水湧動；右邊「力」，屬如風扇葉片旋轉；然後，透過左下邊「工」一對一的互動練習，尤其是一對一的互動練習，最為重要，有實際的操作練習，才有辦法發現、調整錯誤，看拳經拳論也才不會落入紙上談兵。「勁」一個字，意象簡單，但已把如風似水的太極拳揉(推)手互動意境，全部囊括，實在耐人尋味，這也是本項功法在鍛鍊思維上，為何特別注重務宜由人我互動中，從勁的對話學習中進境，最簡單、明確的說明。

十六、如何練樁

樁功是武術的基本要求，不管內家、外家拳法皆然，而且功夫的練法，起點縱有不同，終點並無二致，所謂「歸元無二致、方便有多門」，不需強分內外家，或者存在相互鄙視的門戶，只要是重視樁功，以樁功為根底的武術，都不會是花拳繡腿，如何練樁，不同門派各有不同的練法，有的主張站樁，扎馬步；有的主張打低架，先人為練低架，也有在八仙桌下打太極拳的事例。本項功法，則主張用「鬆身扎根法」練習，原因有幾：

(一)站樁的問題：

站樁不但需要長時間鍛鍊，而且，要能耐得住寂寞，以及要有一定的定力，才練得出效果，否則，一站下來，妄念紛飛，既痛苦，效果又有限，另外，經由站樁來鍛鍊，也有二個限制，其一，樁功的深淺，無法立即檢驗。

其二，拳術的運用，除了樁要穩之外，胯也要活。站樁無法同時訓練活胯，兩者分開訓練，所需的時間更久，以忙碌的現代人而言，很難有足夠的時間，好好鍛鍊。

(二)打低架的問題：

打低架，對樁功的養成，以及腰胯的圓轉，都很有幫助，不但可以訓練出強大的下盤肌耐力，對貼地出拳慣性的培養，也很直接，筆者初學時，即以低架培養太極拳功底，但是，低架除了比較適合年齡層較輕，肌耐力較好者鍛鍊外，較不適合讓廣泛年齡層的人都來鍛鍊，而且也比較容易造成膝蓋損傷。

(三)用「鬆身扎根法」來練的好處：

1.鬆身扎根法的樁功原理

如果把人假設成樹，樹不需要有人告訴他太極拳的道理，只要有風持續在吹拂，它在本能上，就必須把根往下扎，才能站得穩，風吹的日子越久，樹的年齡越老，根就扎得越深；人也是一樣，只要不斷有人用適當力道去推他，久而久之，他的根自然就會往下扎，形成穩定的樁功，練的日子越長，下盤的穩定度就越高，不會人越老就越站不穩。

2.可以一併練聽勁以及腰胯的圓活

揉(推)手的穩定度，除了跟樁功有關，還有二個決定因素，其一是聽勁的有無，即是否能與來力做沾黏連隨，不搶先不落後的同步反應，其二，腰胯是否圓活，能夠隨來力旋轉陰陽，「鬆身扎根法」，可以同時訓練。

3.不同年齡層都適合訓練

「鬆身扎根法」採高架站姿，以周身九大關節配合旋轉為主軸來鍛鍊，讓身體遇到來力不容易緊張、散亂，同時，因為九大關節都有旋轉的分工，除了任、督、帶三條重要經脈、五臟六腑以及丹田，透過推送，都可以得到適當的按摩餵養外，因為是靠周身的定性旋轉維持平衡，也比較不容易造成局部性的傷害，適合大眾練習。

4.訓練別人也同時訓練自己

不但被推的人在練，推送的人同時也在練，練推出去的力量，是否全身貫串，是否剛柔並濟，是否收放自如，而且可以角色輪留互換的練，互相提醒的練，尤其，「圍爐式」，一邊話家常的練，「接龍式」，一次多人同時練，「軸心式」，同時從不同角度推一個人，以「支撐八面」的運作方式來練，方法多元，也都比一個人孤獨的練，輕鬆有趣的多。

十七、沉「到」腳底與沉「在」腳底之辯

沉「到」腳底與沉「在」腳底不同之處，在於前者是「線」的概念，是重量從梢節流轉到根節(腳底)的概念；後者是「點」的概念，是重量只停留在腳底的概念，前者的練法，讓能量周遍全身，形成纏繞的亂環，有益健康；後者的練法，無形無相，讓對手無可作用之點，都有其可貴之處，唯吾人以為，應以前者的練法為優先，因為前者比較容易練，而且可以把身體健康練出來。另外，要能把身體圓活連貫的感覺先練出來，才能再去思考其他更深奧的武學技術，否則，容易淪為空談，所以，本項功法的口訣才會強調「全身連成線」，而非強調練「空無」。

另外，本項功法，也鼓勵拳友同時練習打坐，亦即所謂做「靜功」，老子道德經第十五章有云：「孰能濁以

靜之徐清？孰能安以動之徐生？」一個人苟能在渾濁中安靜下來，澄思淨慮，或者從停滯中轉動開來，重現生機，便能與太極拳「動靜一如」的境界相應，讓一動一靜的功夫，幫助身體以及心靈修養生息，往天人合一的境域邁進。

十八、「鬥牛」對練習太極拳有無幫助

本項功法認為，太極拳的鍛鍊，如果從武術的觀點，其產生的效益，在於經過長期九大關節「一波三折」的鍛鍊，讓「身具五弓」的「鬆、活、彈、滑」能量，能夠隨意展現。因此，如果把粘黏連隨的接敵深度放淺但速度加快，會有「翩若驚鴻，婉若游龍」的走化效果；但如果接敵的深度加深，速度放慢，則會形成敵我兩股力量盤根錯節、深切絞絆的現象，最後，根深勁強的人，就會以渾厚的整體優勢能量，拔起對方的根盤，使其失勢，後者類似於相撲或摔角常用的技法(註：如果細膩觀察相撲或摔角的身形手法，應該也會發現，這二項運動中，其實也都潛藏著走化的技法)，在台北 228 公園有一處戲稱的「鬥牛場」，於週休假日，常有來自各門各派的太極拳或其他武術高手一起較勁，所以，或許也可以把

後者的較勁方式，以「鬥牛」稱之，這也是本項功法所稱之「絞勁」。

本項功法認為，「絞勁」是在「走化勁」之外，可以再加強鍛鍊的一種勁法，其優點，可以「以力推氣」、讓「力盡還原」、鍛鍊拳友筋骨柔韌的堅實度與氣血舒張的深沉度，讓氣斂入骨，根勁更深，更沉，勁道更大，但缺點則是容易把勁練硬練僵，而且容易拉傷或練完之後腰酸背痛，如果過度練習絞勁，也不符合太極拳「厚積薄發」的蓄養法則，所以，拳友可自我覺察，如本身年紀已屬老邁或有不適劇烈運動之宿疾，學習本項功法時，可以毛皮接勁，練習較柔和的走化技術，以自我溫養為已足；如本身條件許可，又希望達到更高的武術要求，則在練習本項功法時，不妨再斟酌加上以筋骨接勁，即輔以絞勁訓練，讓功體更具穩定基礎，縱放陰陽的幅度更大。

只不過，就算想練絞勁，以培養功體，本項功法也認為，絞勁應屬輔助訓練特質，不宜過度鍛鍊，以免矯枉過正，而且，需在具備初步的走化能力基礎後，再輔以鍛鍊，另亦需視個人身體素質的可堪負荷程度量力而為，以免造成撕裂傷或過度勞累，畢竟，得到健康，才是武藝鍛鍊的根本價值。

最後，就算要練「絞勁」，也要如同鍊鋼一樣，在水中與火中，不斷來回的焠鍊；亦即要懂得讓「走、化、絞」勁，不斷來回的鍛鍊，到最後才不會只是把勁練硬練僵，才會有快慢輕重，多角度多速度「收放自如」的不同勁別，可以千變萬化交互運用，達到「渾厚」且「輕靈」，全方位的攻防能力，也才不會讓自己越練越只能往「厚重」的單向道走，而讓太極拳所獨有且最寶貴的「輕靈」勁法，就跟犀利人妻一樣「回不去了」，那就太可惜了。

十九、如何看待氣沉丹田的練法

「吐納」與「胯勁」的練習與發揮，是太極拳很重要的一門功課，尤其是如何讓其相輔相成「以氣推力」，更屬要著。而一般所稱「丹田」，在臍下三指幅位置，前接「氣海」，後接「命門」，且又由人體最大的髖關節所包覆，對「吐納」與「胯勁」的練習與發揮，具有極大的相關性，所以，很多拳經拳論，都提過也很重視「氣沉丹田」的練法，但巧妙則各有不同，建議拳友可以根據自己所學，自我嘗試、調整，尋找出適宜自己的鍛鍊方法，(註：吾人以為，太極拳練習，本來就是拿自己身體做實驗)，就筆者的經驗與感受，也提供幾點，供拳友參考：

(一)湧泉有根腰胯才會有主：

練習氣沉丹田，必須配合以腰胯的轉換為樞紐，透過「坐胯、轉胯、迴胯」的過程，讓身體結構纏絲進退，以及根節「湧泉接地」，梢節「接天、接人」，亦即以「全身連成線」的口訣，形成一脈相承的迭盪，才不會反成形成拳勢運轉的「滯、礙、浮」等偏失。

(二)用全息的觀念看待丹田：

丹田固然係以臍下三指幅的「氣海」為核心，但「氣海」只是丹田的主要核心區域，太極拳重視「處處成圈」、「處處成拳」、「處處虛實」，如果以全息的觀念視之，應該是全身無處不丹田，無處不流轉，才能維持周身一家的狀態，淺白來說，例如，澆樹固然應澆在「樹根」上，但其實樹幹、樹枝、樹葉，也都可以吸收水分與養分，人體除了鼻子在呼吸，將氣息送入胸腔為胸呼吸，將氣息送入腹部為腹呼吸(當然還有順逆呼吸之說)，其實全身每一個毛細孔都在呼吸，都在收放，都是丹田，所以道法或中醫經絡學有關吐納的練習，有所謂的走大周天(包括任督兩脈與帶脈、中【沖】脈)與小周天(只走任督兩脈)，所以練習氣沉丹田，除了要注意核心區域的自然運轉狀態，也不能沒有全息的觀念。

(三)用沉浮互補的觀念看待丹田：

沉浮構成陰陽的兩面，陰陽要有和諧的流轉，才能產生能量，所以，氣沉丹田，不能完全單純以「沉」的觀念來解讀，應該再從「陰陽相生」的升降流轉角度來加以詮釋，且還要從圓的循環互補的觀念來看待丹田的吐納練習，不但要有沉有浮，有升有降，沉浮升降也要圓轉，才不會雙重，自我衝突抵消，也才能形成太極拳勢擴張與內聚的能量，也才會有益健康。

二十、如何看待「打通任督二脈」

「打通任督二脈」是武俠小說中十分常見的術語，現實生活中，也有很多武術門派，拿「打通任督二脈」作為招生廣告。在武術中是否真的有「打通任督二脈」的說法？「打通任督二脈」又有著怎樣的神奇效果？衡量的標準在那裡？充滿著仁智互見的議論。

就揉手功的練法而言，我們的思考主軸是「以簡馭繁」，也就是把全身簡化成二個系統，一個是「筋骨的強韌度」、一個的「氣血的循環性」，如果可以整合、強化這二個系統，身體的健康程度，自然能得到提昇，而所謂「任督二脈」，甚至是全身「奇經八脈」的運行，在本項功法，都簡約納入「氣血循環系統」，都可以透過揉手功「上下」、「前後」、「左右」各種不同身形的「旋轉」、「湧動」來連結、調度，讓全身形成勢勢相承的「亂環線」來消除身體僵滯的死角，達到氣血活絡的功效。

「一處鬆一處通、處處鬆百脈通」、「通則不痛，痛則不通」，氣血通暢了，身體反射系統的潛能，可以自由調度、防禦，少病少惱是很自然的事，所以「養生」與「技擊」可以透過太極拳揉手的鍛鍊同時完成，不過，除了地球客觀生活條件，不斷轉換，甚至惡化，生命充滿各種「飲苦食毒」的挑戰外，身體的新陳代謝，就像門庭前的大樹一樣，每天都在成長，每天也在掉葉，練功沒有一勞永逸的事情，今天練出一點成就，隔一段時間荒廢，身體一樣生銹，亦即那怕今天功夫練好了，所謂已經「打通任督二脈」了，過一段時間沒練，身體依然是滿地黃花堆積，一片悽涼，誠所謂：「一天不練、功夫變慢，二天不練、功夫減半」，所以，功夫不但要扎扎實實的練，也要時時溫養，千萬不要輕信神速，也不要神化「打通任督二脈」的效果，認為「打通任督二脈」可以包治百病，甚至只要找到名家幫助，打通任督二脈之後，從此，就可以永絕後患，過著幸福美滿的生活。

二十一、如何看待「一動無有不動」

「一動無有不動，一靜無有不靜」是太極經論中經常出現的一句話，大多太極拳學習者均瞭解所謂「一動無有不動，一靜無有不靜」，旨在強調全身相互配合，以期完成「周身一家」的整體動作過程。然而，如何有效整合身體各部位的節奏，讓一連串複合性動作，在正確的時間軸中，協調性地形成完整架構，借助地力，準確命中作用點，其關鍵何在，值得深思。

從揉手功的學習經驗來判讀「一動無有不動，一靜無有不靜」的運作方式，其產生能量的關鍵，不只是在「動」，也不只是在「靜」，更在「動與不動的動靜之間」，也就是在「如何連動」，而如何連動，就是如何把太極圖中的「S 型」運轉起來，舉個例來說，在棒球場上，經常可以看到玩「人浪」的遊戲，人浪玩得漂亮，必須在同一個時間點內，有些人動，有些人不動，在動與不動之間，完成「連動」，如果大家同時動，或同時不動，或者每一節人浪，在動與不動之間沒有連動，人浪就沒有「動勢」可言。

把每一個人看成身體不同的筋骨，把每一節人浪，看成身體的每一處關節，要讓筋骨與關節產生連動的推送能量，也是一樣，必須在「動與不動之間」，讓每個關節「節節鬆開、節節連動、節節貫串」，不管是「守中、藏中、用中」，也才有基礎，這樣的觀念非常重要，值得細細品味。

二十二、如何看待「一羽不能加、蠅蟲不能落」

「一羽不能加，蠅蟲不能落」也是太極經論中經常出現的一句話，大多太極拳習者均奉為圭臬，強調太極拳必須練到觸覺十分敏銳，就算對方的力量像一片羽毛或一隻蒼蠅那樣輕微，也不許它停留或站得住腳。這是極力形容太極拳之輕靈，絕對不許對方借力的意思，但以下二個提問，就非常值得深思：一、這是要練好太極拳的方法，或是已經練好太極拳的能力，或者兩者均是？二、這是要練好太極拳的唯一方法或練好太極拳的唯一能力嗎？

如果從揉手功的學習經驗來解讀「一羽不能加，蠅蟲不能落」，認為這是要練好太極拳的方法，也是已經練好太極拳的能力，但卻不是要練好太極拳的唯一方法或練好太極拳的唯一能力。

進而言之，太極拳的重要技巧，除了上開說法，類似者，尚包括：「敷蓋對吞、引化拿發」、「沾黏連隨、不丟不頂」…等等，不一而足，不過，類此，都是以「走化」為基礎，「走」重在直讓，使對手「推不到」，其攻防技巧，在於「不讓自己身體當對手拐拄」，以門牆為例，如對方推向己方，自己如實接勁，對方即不至於往前撲跌，但如以虛接，對方即可能因為誤判，即「原以為可推在門板上，但沒想到卻推在門簾上」，導致失勢撲跌，以達到引進落空之目的；「化」則重在迴旋，除讓對方「推不到」真正的重心外，還要有讓對方「推不透」的能力，且要讓推過來的力量，好像落在彈簧上，勢盡之後，產生反作用力，迴打回去，兩者係屬不同的技術表現，前者重在輕靈，後者的輕靈，除了需要「留力迴打」，更需要有渾重的身形支撐。「一羽不能加，蠅蟲不能落」的練法，雖重在輕靈，但習者如果沒有渾重的身形基礎，只要對手根深力沉，一定「走不開」、也「化不掉」，對陣之後，就只能指責對手「沒鬆、太用力…」，「一羽不能加，蠅蟲不能落」的技法，也就形成戲論。

掤勁是八勁之母，學習太極拳，以掤勁為先，如果沒有掤勁的基礎，太極拳的鬆，就會變成「鬆散」起不了作用，「一羽不能加，蠅蟲不能落」的輕靈勁，要有渾厚能掤得住來力的整體勁做基礎，否則，容易陷入「丟」的誤區。如果有人說：月亮是圓的，並不代表所有圓的東西都是月亮，也不代表月亮永遠都是圓的，或只要不是圓的，就不是月亮；同樣的道理，「一羽不能加，蠅蟲不能落」是太極拳重要的攻防技巧，但表現的形式，未盡相同，不能以單一的外觀或技術表現來判定，這就是個人經常強調的，學習太極拳要有「多元、多軌」的思辨能力。

二十三、如何將「無量數三角形」的觀念，運用在太極拳上

鄭曼青宗師在所著「鄭子著鄭子太極拳十三篇之七」中，提到「無量數三角形」的觀念，如何看待與運用在太極拳上，有幾個重點可以特別注意：

(一)太極拳運作的立體性：

圓形中的無量數三角形，在太極拳的用法，應該在

於思考如何從身體軸心，由任何(即無量)角度，以直勁(三角的前端：拳架上的按掤)或側勁(三角的兩邊：拳架上的左顧右盼)發放對手。如果用開扇面的幅度去想像，扇面的左右距離可大可小；扇面的前後距離可遠可近，亦即可以在大小不同圓弧的任何一點，讓太極拳的攻防效果起作用，所以有無量數，但扇子只是平面空間，太極拳是立體的，運用起來，更複雜一些。

(二)感性、混沌是太極拳的思維特色：

有人說，在這個世界上，「最大的合理是矛盾，最大的智慧則是平衡」;「外圓內方」，甚至「大方無隅」，是東方哲學用以安身立命的重要思考邏輯，太極拳從中體悟出「出圓立方」的運作原理，並開發出「陰陽互為其根」、「矛盾對立卻統一平衡」的特殊武藝技法，極具「說似一物即不中」的感性、混沌思維特色，鄭師以科學的理性角度，加以分析，增加其可觀察面向，惟學習者宜調合「感性與理性」思維，深加玩味，才不致於因為分析得太細，想太多而顧此失彼，反而更鬆不下來，或者，總是在差之毫釐、卻失之千里的迷陣中，找不到自然的節奏感，越練越苦惱。

二十四、如何觀察與定位所謂「周身一家」

周身一家是太極拳進步的開端，沒有進入周身一家，太極拳可以說是還沒有找到入口，所以，不管是練習拳架或揉(推)手，都應該刻刻留意周身一家的問題，因為有「一」之後，才能生出「一切」。練不到周身一家，始終只能當太極拳的門外漢，而所謂周身一家，是一種協調的自然感應與調整能力，是從節節鬆開、節節連動、到節節貫串的過程，可惜很多拳友，不但從「鬆」處開始就走錯路，或者自己盤拳時，雖然感覺良好，但一旦進入互動式的揉(推)手，即陣腳大亂，手是手、腳是腳，身體是身體，周身完全不聽指揮，也完全抓不到重心，任人擺佈。

練了太極拳，沒有揉(推)手的互動學習經驗，光是自己盤拳，那就宛如學了開車，沒有真正上路，是不是真的學會，無稽可考，是一件非常可惜的事情。所以互動式的揉(推)手是檢驗周家一身非常重要的工具，至於很多拳友認為，只要做到肢體動作的一致性，就是周身一家，就筆者的體驗，沒那麼簡單，尤其強求一致，往往反而掉進僵直的陷阱。

如果拿「一致」、「不一致」與「協調」幾個要素，來架構太極拳的運作原理，吾人以為：一致是正、不一致是反，協調是合，在「一致」中找協調是基礎，在「不一致」中找協調是提昇。太極拳的精髓，於在矛盾、對立中找到統一協調的機制，「正、反、合」的哲學思維，又恰與「陰、陽、中」的運作原則相似，運用在揉(推)手的訓練上，以扎根鬆化法為例，二人餵勁，體會彼此勁道「一致」出入的節奏感，以求其協調統一是基礎；多人同時餵勁，大家一起感受如何順應多重且「不一致」的勁道，讓其歸於協調統一，是提昇。

又如第十三勢自由揉化，讓自己周身轉折與對手勁線「一致」，找能「合」的協調是基礎；讓自己周身轉折在與對手勁線一致中，創造「不一致」的「破」，讓對手失速脫軌，而自己仍處在穩定協調中，是更上一層的功夫；學習在「一致」中找到勁力運作的最大可能　，屬於「單軌」學習；學習在「不一致」中找到勁力運作的無限可能，屬於「多軌」學習，層次有點差別。太極拳的運作特色，在於「逆向」、「多軌」思考，所以能找到「不一致的協調性」之運作軌跡，就更加重要。

二十五、打拳時，意念要放在那裡

打拳好比修行，「在靜中的動，才是真動，在動中的靜，也才是真靜」，修行者，想進入「動靜一如」的境界，所用的方法，各有不同，打拳的意念要置於何處，亦復如是，依筆者所知，有「守竅」，即守住丹田，往外打(即向身體四梢輻射)；「守空」，意念一絲不掛，連腰胯、丹田都空掉，一相不立；「順經絡」，配合呼吸動作，勁走奇經八脈等等，不一而盡。

個人師承的拳架，採「逆呼吸、順經絡」的打法；不過，個人也經常嚐試不同的打法，並且習慣用佛家「內觀」的方式，把身體當作是一畦良田，意念是農夫，在打拳的過程中，就像是農夫扛著鋤頭「巡田水」，從頭到腳，從腳到頭，特別是如果有比較不舒服的節點，就多放一些感謝、膚慰的心情，返視內觀，該補的地方就補，該瀉的地方就瀉，依當下的身體狀況反芻打拳意念，以打得陰陽調和，舒服、暢快為最高指導原則。

所以意念要放在那裡，甚至是該打快或打慢，該打高或打低，吾人以為：只要不散亂，始終處於「輕鬆、專注」的正念狀態，任憑自由即可，所以，一樣是一句老話：

多元多軌思考。

二十六、打拳時，如何練習蹬腳動作

太極拳發力打人，身上力量來源的最大樞紐，在於腰胯；現代的說法是盤骨，又稱腰帶、骨盆或髖，其位於脊椎末端，連接脊柱和股骨，與下肢相連，股骨與腰帶在臀部連接處形成髖關節。盤骨是人體中最大塊的骨頭，在太極拳中叫作「大拳頭」，懂得開胯、圓檔，以吐納之氣，纏絲縲旋地帶動盤骨的收束與開張，並透過下肢，即腳、腿動作，經由地表彈力，帶動全身筋骨，尤其是脊柱，形成力達四梢的張力，這樣的力量，用得好，即為「節節貫串」，出擊能量非常驚人。

練好太極拳，讓周身每節筋骨都能節節鬆開，則三節為一弓的每組骨節都能形成一個作戰單位，所以無論對方碰到身上任何部位，都能立即在該部位形成陰陽曲線，迅速回擊，所謂「何處挨即何處擊」。這種反擊出於自然反應，快如閃電，鄭曼青宗師，在推手歌訣中，有兩句話：「湧泉無根腰無主，力學垂死終無補」，以及「渾身是手手非手，但須方寸守所守」，其實就是上述發勁方法、現象與作用的最好說明。

進行言之，太極拳發力打人，力量以中節腰胯為樞紐，下溯湧泉根節，回流形之於梢節的手，所以，雖然看起來是手打人，其實不在手，手只是能量的出口，所以手非手；同理，以腳蹬人，力量運作的來源亦不在蹬出之腳，所以，腳非腳，換言之，以腳蹬人，應以接力之另一腳為根節，腰胯為中節，所蹬之腳為梢節，節節相催，才能發揮太極拳整體勁力，所以，練習蹬腳時，自然要「以提胯之力抬腳，再用接地轉胯之力」蹬腳，而非只是用蹬腳之腳去蹬腳而已。

二十七、如何練習「揉散手」套路

為了增加學員對於揉手功的學習樂趣，並且藉以反芻輔證揉手功的學習特點，本門教練場自二〇一四年十一月九日開始嚐試進行太極拳的揉散手套路練習，這項套路的原型，得自熊養和宗師，熊公在其所著之「太極拳釋義」一書指出「太極拳散手是太極拳應用的結晶，係楊露禪宗師依據太極拳-四正四隅、五步八門，配合陰陽生剋原理所編之以柔克剛、投榫入彀實際運用的法則，其奧妙在於集結【化拿打】手法與【鬆換發】步法的創舉，能引導融會貫通的內勁…」，觀察時下之散手練習，開枝散葉，流佈甚廣，但因不同師承，練習手法已有不小差異，這種現象，除了是傳法會遇到的必然演變，並不足為奇之外，本門練習之揉散手套路，融入揉手功觀念，加以演譯，自然又會呈現一番不同的風貌，所以，除先聲明無意冒犯先輩的傳承，也因為這樣的練習思維，有異於時下其他教練場的練習模式，所以，特別以「揉散手」定名，用以彰顯功法的差異性。

為利於瞭解本教練場借用這項套路的學習特點，以及與其他練法的差異性，謹分述以下幾點，憑供參考。

（一）直接對練接打，再以單練補強技法：

時下的散手練習，通常是先學「單練」，等到招式熟悉之後，再做上下手的「對練」，在個人的練習經驗中發現，對練是一種全新的學習情境，在單練招熟之後，並沒有辦法理所當然移植單練的技法，直接進入雙練的練習情境，而且，反而容易因為單練時，已經先入為主、習以為常，養成招式運作的方向與角度，而形成無法自然入榫的障礙，因此，本門的學習順序是「反其道而行」，亦即先學習對練，等對練熟悉之後，再以「單練」的方法逐步檢視，讓「對練」的技法更加鞏固、細緻，也因為如此，本門的練習方法，即使「單練」，也不稱為「單練」，而稱之為「一人對練」，用以突顯即使「一人練，也要有二人對練的想像」。

或許有人會認為這樣的學習順序有些怪，不過仔細思考，前人每一招一式的產生，不也是總結實戰經驗而來的嗎？而從身體的實際觸感，去體驗歸納太極拳陰陽的走勢，是本門揉手功的學習特點，練習散手的順序，自然也必需從這個角度出發，才能走出身體自然迭盪的「勢」，而不致於又落入單軌思考的「招」或「式」的對錯邏輯之中。

(二)以自然纏繞的步法走位，不走固定方位：

太極拳的「得機得勢」，在步法上，在於隨時可以搶進順勢的宮位，而取得順勢的宮位，因對手身形，前一手的步幅落點，均有所不同，必需有隨時隨意自我調節的能力，本項功法不拘泥於「固定方位」的走法，僅依上下手實際接手的狀況，以自然纏繞的順勢方位，調整身形步法，打到那裡，就走到那裡，不需顧慮方向是否走在一條直線上，或是否回復原位問題，故在練習時，也可嚐試在一個圓圈內走位，或從能否在一個小圓圈內從容走位，去思考身形、步法是否臻於自然境界，果能如此練習，在拳勢熟稔之後，不論要走向固定方位或任何方位，都能隨心所欲，這才是我們企盼的「勢活」而非僅止於「招熟」。

(三)重在陰陽二拍順勢接準，且以「餵勁」代替「發勁」：

熊公的【化拿打】手法與【鬆換發】步法，扣除其中「拿、換」的過門，可以奇數「1」代表陽，以偶數「2」代表陰，你的「1」，就是我的「2」，我的「1」，也是你的「2」，亦即，你陽來，我以陰接，你陽盡歸陰，我則以陽順勢切入，陰陽即開合，陰陽即勁力進出，而陰陽二拍，如何才能順勢接榫，在於如何把借地之力，透過完整的身體結構，在最適當的角度與時間點放送出去，讓能量發揮到極致，不過因為「發勁」，有其危險性，因此，在揉散手練習中，本門特別強調「以餵代發」，期讓學員能夠在「輕鬆」、「自然」、「合拍」、「順勢」、「接榫」，不執著於固定招式或不必擔心會被打傷的情境下，練出沒有凹凸、缺陷、斷續，能夠纏繞旋轉，自在運作勁力出入的【軌道感】，這是周身一家，進而達到整勁效果的必要基礎，也是小能勝大的能量來源。

二十八、如何看待太極拳的改拳問題

重視傳統與傳承以及尊師重道都是重要的武德表徵，有傳統也才不致迷失方向，重傳承，老師將一生所學，傾囊相授，才有意義，但是，如果要讓拳法「出於藍、更勝於藍」，越來越豐富、厚實，吾人以為，在傳統與傳承之外，也要兼顧其創造性，特別是符合時代精神的創造性，拳法才會不斷得到滋養、延續，拳法也才不致逐漸窄化、流失，終至失傳。

而所謂「創造性」，其實就包括嚴肅的「改拳」問題，以及「改拳幅度」問題！什麼可以改？什麼不能改？就本人的學習經驗，有二個東西是不能改的，其一：「天地尊親師」的倫常觀念不能改，因為這個道統，是宇宙生成的自然法則，是生命傳承的根本，徒弟功夫再厲害，對老師的敬重，不能改；其二：拳法的原理原則不能改，不過，原理原則之所以不能改，是因為沒得改，因為天造地設的自然現象，就是這樣，天地萬物能夠穩定存在，就是陰陽互補平衡的結果，至於功夫的鍛鍊方式，亦即拳架套路或揉(推)手技法，能不能改？此觀陳、楊、吳、武、孫各流派，雖然一脈相承自陳氏太極，但都各自創造了屬於自己不同的拳法與風格自明。

傳統的學習方法，有助於墊高學習基礎，但絕不是阻礙學習的門牆，自古每一代宗師，在傳承的學習方法之外，多根據自己的體驗，建立、創造一套新的學習邏輯方法，這樣的邏輯方法，經過不同世代的考驗，如果能得到值得學習的共鳴，才會有綿延不斷的追隨者，也就自然傳承下來，成為一宗一派，所以，每一門功夫能夠傳承下來，通常是經過千錘百鍊的自然法則，而非門人強加規定；而且，如果完全符合學習需要，也沒有必要去改、去加，就算有人估名釣譽去強加改造，也會因為沒有追隨者而自然凋零，無庸事先過度防範。

所以，大部分拳法是沒有必要改的，而非不能改，但如果有人改，也不用緊張，強加禁止，反而，應該樂觀其成，搞不好因為其努力，太極拳又走出一番新的境界。

綜而言之，傳承與創新應予兼顧，對傳法老師以及宗門的尊重與感恩，是不容置疑的，且隨學習加深，感恩之心必然更加念切，心維如果沒有當初老師引進門，建立良好的太極拳學習基礎，就不會有現在的自己，不會因為自己能力提昇，就忘失對老師的敬重。至於，對於老師所傳方法的適當性，是可以經過不斷試鍊，而有所創造或調整的，所謂「吾愛吾師，吾更愛真理」，改老師的拳，不是忘失對老師的敬重，而是深度學習的必然結果，此觀乎太極拳陳、楊、吳、武、孫等流派的形成，不辯自明，且如果改拳就是犯上、不敬，則楊氏以降宗師，豈不全是大逆不道之徒。

另外，就算不改拳，所謂「一師教九徒，打出來十個樣」，在不改的情況下，一切也全改了，再如果，老師授徒，沒能讓學生有原理原則的認識，練拳只是依樣畫葫蘆，到最後，以訛傳訛，依樣也畫不成葫蘆，豈不是更加糟糕。

編輯設計本項功法的初衷，係為讓有志於揉(推)手的練習者，能於符合陰陽運轉原理原則的條件下，建立一個方便下手的法門，功法的完成，也是集體智慧的實踐，故認為經驗分享是開拓學習境界最好的利器，因此，本項功法的推廣，不求回饋，凡是認為對自己有幫助的拳友，都可以參照學習，甚至，加入本項功法的學習行列，共同追尋更圓滿的練習方式。同時，更希望有幸共同練習的拳友，對於太極拳的體認與功體的養成，將來都能夠不斷超越境限，這是筆者的榮幸與努力的價值；

當然，筆者也會不斷學習、思索、調整或增加學習手法，持續發掘更有利於拳友學習的法門，讓太極拳，這項足以利用厚生的老祖宗智慧，能夠透過現代、系統性的方法開發，得到傳承並造福更多更廣，喜愛太極拳運動的人群。

玖、重要觀念分享

一、不要有襲擊他人的惡念

有人說:「生命的目的，在於學習用任何的形式去表現愛」，吾見亦然，太極拳雖然是武術，但其內涵，是一項可以用「真、 善、美、聖」不同形式去表現愛的運動，真者功夫能防身，善者有助健康，美者動作優雅，聖者提昇心靈。

因此，本項功法認為，太極拳從功夫的意涵來看，旨在強身健體，以及提昇本能的「自衛能力」，在攻防的練習中，千萬不可有惡意襲擊他人的念頭，拳術拳理千萬條，唯獨不能缺少好心腸一條，否則未受其利，先蒙其害。

太極拳以「掤」為起手式，乃在暗寓太極拳攻防，不在於打倒對方，而在如何形成良好的自我防禦能力，這也是本門揉手功的重點思考，旨在學習、體驗、反省雙方互動的拳勢，如何讓雙方「從容的自我調整與適應」，以達到「中正安舒」的目標。

另外，太極拳被稱為「文人拳」，學習太極拳者，尤其喜好揉(推)手者，應該越學越有「文氣」而非「霸氣」，不需要把自己練成一頭蠻牛。也應該是越學越有「精神」而非「失神」，舉手投足，變得有氣無力；所以，如何越學越有涵養，更懂得如何與瞬息萬變的外在世界「和諧共存」，讓陰陽合而為一，讓人我合而為一，才是真正的學習重點；古云：「天得一以清，地得一以寧，人得一以靈」，如能「識得一」、「練得一」，則萬事畢矣！

二、力從地起，貼地而行，是拳勢穩定運作的基礎

所謂「樹從根腳起、水自源處流」，運用到拳術，「馬穩拳就重」，因此，太極拳，力要從地起，要能貼地而行，亦即勁路要跟著地心引力走，才能夠藉助地球的軌道力量，穩定下盤，並透過類似「水勢的湧動」或「風勢的旋轉」能量，帶動全身，自然形成「敷蓋對吞」的特殊

攻防效果。

而所謂「力起湧泉」，本項功法認為，此處所謂「湧泉」，只是腳底板中間的一個相對代表位置，練習時，只要不把腳跟踩死就好，不必執著在一個固定點上，所以，不同的身型，其重心點的轉換，也要自然、舒適地踩穩在腳底相對位置，讓力道對拉回流，至於，要踩在那個相對位置，每位拳友的體型與腳型都不一樣，不能一概而論，更不能勉強分解記憶，否則，只會弄巧成拙，拳友只要記得，要不斷去感受那個自然、舒適的位置就好，因為這個位置會隨著功夫的加深，自動調整到越來越準確、穩定的位置。

至於，腳接地，係應「以整個腳掌平貼地面」或「以五指抓地」亦有不同看法，吾人以為，「僵直」是練習太極拳最主要的禁區，而「僵直」指的是陰陽無法同時存在，並隨意流轉的現象，所以，只要腳底保持陰陽虛實的流轉空間，不要落入僵直的禁區，而讓身形可以自然穩定舒展收放即可。而讓身形自然穩定的作法，尤其是抬腿或踢腳，其關鍵在於是否能以身體為軸心，做陰陽互補的肢體伸展回溯，如果，以身體為軸心，仍感受不到接地的穩定感(因人而異)，可以再將五指微扣，增加一些沉力，但應避免過份用力，以免矯枉過正，造成身體僵滯。

三、以胸腹運化，從腰腿發放，是重要關鍵技術

太極拳各個門派的傳承流佈廣博，且各具特色，其中武氏太極拳，有幾項特色，即「胸腹隨進退旋轉，內氣潛轉支配外形，運化全在胸腹，發人全在腰腿，行拳如在大地寫書法，招式轉接要一線串成，開是擴張非頂撞，合是縮小非閃躲，開中有合，進中有退」，與本項功法的運作邏輯，頗有異曲同工之妙，殊值玩味。

本項功法認為，太極拳的運作，應以九大關節，尤其以身體的軸心為原點，以一波三折之勢，帶動其他關節，一線貫串，讓周身之力，透過檔胯腰腿，接地而起，讓陰陽合濟二爭之力，自然湧動，產生圓轉能量的想法，除分別以「八卦」、「混元」、「軸心」等鬆身扎根揉化法，建立身法基礎外，並以「十三勢揉手功」套組，讓身形延伸到手法，再以「揉散手」套路，延伸到步法，以期讓理論有具體的實踐方式，可以去調整、檢視與驗證。

另太極拳與書法，同屬中華文化精髓，太極拳的拳法思想與書法的書勢運作原理，多如出一轍，而各逞其

自然，例如，有書諺「體若輕風動流波、如推似引行且留」，即特別耐人尋味，拳友如能多讀書法相關論述，多欣賞書法作品，甚至動動筆，從書法的走勢，去體會太極拳的拳勢，不但可以助長太極拳的文氣，更可以開展太極拳的視野。

四、從自然觀察，契入太極拳拳勢的運作特色

實踐太極拳不丟不頂的特色，可以從水勢與風勢運行的自然現象觀察學習，看看水浪，是如何由上下、以點線面乘空隙去擴張、敷蓋物體；或者旋風，是如何由左、右，如螺絲般旋轉、圈制物體。

吾人以為，水勢與風勢的 S 型湧動與旋轉現象，與太極拳的勁力運行軌跡是一致的，因此，要學習讓身體在和諧的運作軌跡中，如水又似風，可以是前後、上下的波濤洶湧，也可以是左右順逆時鐘的震盪盤旋，未練太極拳前，身體像固體，僵直缺乏彈性，練了太極拳之後，身體要柔化，要有如流體的水，又像氣體的風，千變萬化，最後「忘身」，轉入無形無相，「無身以為患」，這是一輩子都可以追求的境界。

不過，成長的過程，不可能一路順遂，一定會遇到

些關卡，甚至所謂的「三明三昧」，不但進退維谷、而且不知何去何從，這個時侯，除了良師益友的左右扶持，一路相伴外，自己懂得「轉念」更加重要，心開才能意解，竹子沒有「結」是長不高的，「結」不但是正常的成長軌跡，也是向上支撐的力量，要學習從正面的視角，看待自己的駑鈍。

五、要做到「退即是進」、「進即是退」，才守得住中

太極拳接打的技巧特色，在於鬆化後，運用「退即是進」、「進即是退」，陰陽相濟所造成向心力與離心力的同時作用，借助全身「一波三折」、「身鬆點強」的迭盪力量把對方反彈出去；因此，身體軸心越縝密，透過腳底廻出的時間點與角度越準確，所形成陰陽變化的幅度落差就越大，發出去的能量也就越強，越不可思議，越能形成類似「電人」的閃動現象。

所以，如果全身「一波三折」的太極拳勢能練上身，讓「勢正、勢圓與勢活」，加諸別人身上的感覺就不只是「力」，而是像長江大河般，滔滔無可抑制的「勢」。而發放的最佳時機點，則是「彼力將出未出」的「勁頭」，或者「將盡未盡」的「勁尾」，這個道理可以用盪鞦韆時，

如何把握推送的適當時機去體會。

還有，太極拳的力量是來自整體身體結構的張力與扭力，依身體整體結構的擴大與旋轉，產生能量，其能量主要是來自於「九大關節」節節鬆開又節節貫串的筋骨力量，而非肌肉緊張局部收縮的力量。如果以作戰為例來詮釋太極拳的攻防概念，全身協調之後所發放出來的自然力量，好像是一支有組織、有系統，能發揮整體戰力的軍隊，「手」是與敵的接觸點，好比是哨兵，可就近得到敵人動向的第一手資料，哨兵要清楚敵方的動向，但不能自己單獨跑出去打仗，只要先「虛接」即可；「意根」則是帶領整支部隊作戰的指揮官，不但要料敵如神，而且對「九大關節」的派兵遣將，要指揮若定，而進行「十面埋伏」，擊潰敵營的，則是「九大關節」，如果他們能夠協調分工，各司其職，就能發揮最大的戰力，太極拳「小能勝大」就是運作得宜發揮統合戰力的結果。

六、「似鬆非鬆」才是太極拳的「大鬆」

橡皮筋拉到一半是鬆還是緊？明白這個道理，就知道什麼是太極拳「似鬆非鬆」的大鬆，這也是本項功法特別強調的鬆，是讓筋骨鬆到有彈性的鬆，這樣的鬆，不但合乎健康要求，也才會產生太極拳最輕鬆自然的勁道。

另外一個思考模式，大家可想想琴弦要怎麼調，才能彈得出美妙的聲音，運弓要怎麼拉，才能讓箭射出，命中目標，一樣是「似鬆非鬆」，陰陽的調理恰到好處，一分不多，一分也不少，而且，琴弦與弓箭本身並不著意，只是隨著外界的撥動，自然產生動態流轉的高低音韻或動能，這種自然平衡「隨」的能力，也是太極拳要的大鬆。

再者，如以道家思想源頭來看待太極拳的邏輯，所謂「反者道之動也」，亦即以逆向思考的角度來解釋，所謂鬆，係處於一種「能緊的狀態」，而所謂緊，則是處於一種「能鬆的狀態」，因此，鬆緊是陰陽的一體兩面，就像橡皮筋，能自由收放，才有生命力，好的橡皮筋，拉撐放開後是有回彈能力的，否則是「弛」非鬆，是「僵」非緊。

鬆緊係形成陰陽流轉的動能，而太極拳的「大鬆」應是指隨時都可以在最短時間內自由地自我調度，用任何角度引化或發勁的狀態。尤其須注意的是，鬆是筋骨節節放開，緊是筋骨節節貫串，是關節的開合狀態，並不是指肌肉的緊繃程度，且不論筋骨是開是合，都是處在用意不用力(註：是指會形成自我干擾的局部拙力)的自然狀態。能量調度自由，沒有障礙，且能恰如其份地連成一氣，才是活脫可用，具有生命力的太極拳「大鬆」。

七、鬆是打破陰陽界限的重要工具，不能跟陰陽混為一談

「孤陰不生、獨陽不長」，是宇宙生成與運作的自然軌則，懂得運用自己身體與心靈的小宇宙跟自然運轉的大宇宙學習生存的根本道理，便是「師法自然」，因此，學習使身體處在一種源自宇宙，陰陽虛實，讓能量始終處在一種自由、自然、自在流轉的共生狀態，只有靠「大鬆」；越鬆，陰陽阻隔的障礙越少，流轉共生的程度越好，但請不要誤解陰就是鬆，把陰當鬆練，認為陰越多就是越鬆，否則越練，會越變得陰陽失調，越看不見能量。

鬆是打破陰陽界限的重要工具，不只是陰或陽，但在陰與陽之中，以及在陰陽交融的過程中，都要有鬆；這可以從太極圖像，守黑佈白的S型旋轉，以及陰陽互為其眼的佈局中去體會；如果陰陽能夠彼此交融，相即

相離地自由流轉，沒有阻礙，就是「大鬆」，這種虛實相即又相離，渾然融成一體，動靜一如的境界，是值得用盡一輩子的心血，去努力追求的。

如果再以電流為例，正電壓是陽，負電壓是陰，電流能量的產生，除了要具備正負兩極的電壓外，正負兩極的電壓還要能夠相互交流。「正電」、「負電」、「正負電交流」三個條件，只要失之一端，電流便無以產生；同理，太極拳能量的產生，一樣取決於「陰極」、「陽極」，「陰陽交流」三個條件，只要其中一個條件不具備，便是走錯了方向，而「大鬆」是讓拳者的意識處於最自然、沒有障礙的狀態，讓陰陽的力量，可以自然交融，如果把「陰」當作鬆，是搞錯方向，而且，如果，在練習的過程中，練習者起心動念太過著意於「鬆」了沒有，更可能「頭上安頭」，亂了陰陽運行的自然節奏，越想鬆也就越鬆不了，所謂差之毫釐，失之千里！

八、要以「陰、虛」接勁、以「陽、實」包覆，以產生陰陽共伴的能量效應

本項功法從練習的經驗上，大致可以歸納出，揉(推)手能力的形成，亦即「能否站得住腳」，其穩定度的來源，

至少有三個不變的決定因素：

1.接地之力有無形成。2.全身是否連成亂環線。3.與來力的陰陽相接之力是否能順暢地虛實相應；在第一個因素上，取決於受力處、丹田、腳底，上、中、下三點能否合一；第二個因素，在於全身揉化的程度，是否已無僵滯點；第三個因素，則在聽勁的靈敏度，是否能隨彼力順暢運行，進而予以引帶；果能一一做到，則所謂「腹中有輪，旋轉如規」的太極現象，則能如實體現。

至於行拳的風格，本項功法認為快慢、輕重、高低都不是問題，也都與是否正確無關，尤其各種不同練習形態，都有其好處，也都有其盲點，所以，不管練習拳架或揉(推)手，都要試著以不同速度、高度與重量方式練習，只不過，在練習拳架套路時，宜以慢為主，以利收視返聽氣脈運行，但在練習揉(推)手時，則宜以快為主，以體驗「用心不用眼，追影不追人」、「出手不見手，見手不為精」，不假思索而能自然運行的拳諺意旨，讓全身關節鬆開，模倣水性與風性，彼觸何處，即同時由該處以「陰、虛」勢相接，如漣漪般擴大散開，同時藉由鄰接關節以「陽、實」的力量包覆；或如骨牌般，由第二以外關節，自然滾動壓制，讓這種陰陽交融，具備敷蓋對呑，沾黏連隨特質，而且千變萬化的力量，形成揉(推)手的能量來源。

只不過，雖然能充分掌握陰陽變化的軌跡，有能力準確感應發送對手，卻不一定要發，本項功法在練習時更特別強調「以餵代發」，所以，除非是為了讓拳友體驗發勁的手法，或有規律的練習核心肌群的收射能力，因此，發勁不在為了鬥勝，而係為了幫助、啟發拳友攻防能力，且就算練習發勁，也要有不會造成拳友跌傷的把握才發，否則，提昇技藝，反而降低人品，並不符合太極拳學習目標。

九、要「立體圓轉」，在任何角度維持「中定」

太極揉(推)手中的「中定」，在於透過「鬆」，達到「勢正」的要求，也正因為「鬆」，當外力接觸時，可以立即讓「勢正」，隨力衍生「勢圓」與「勢活」現象，進而產生穩定的走化效果，因此，如果能讓身形處於「勢正」、「勢圓」、「勢活」的狀態，則能在外力壓力下，依然保持「中定」而隨意走化，故曰「觸之即旋轉自如」。

太極拳「觸之即旋轉自如」的立體性旋轉特點，在於身體外環雖隨力流轉，但內勢始終未動，因核心力量穩定，且「內外相合」、「上下相隨」，整體身形便可以在任何角度上維持穩定，因為不僵滯，所以，不會造成打點，因為陰陽始終保持互補平衡狀態，所以，不會失勢；而且，如果，對手的來力一沾就會被穩定渾厚或輕靈飄逸，滾動的內勁捲走，對手在接觸時，便會投鼠忌器，不敢隨便發力，且不論虛實進退，因為一沾就會挨打，進也不是退也不是，所以，古來太極拳便有「綿拳」或「軟十三、不敢沾」之稱。

學習太極拳，其開合收放要像撒網一般，最重要的是，要甩得開也要收得回，因此，吾人以為，練習揉(推)手時，所謂「中定」，重點在如何保持內勢的穩定、平衡，而非身體的外形必需始終保持在鉛垂線上，外形的觀察，只是審視、校對內勢的參考點，並非絕對標準，裹住小腳是邁不出腳步的，要有勇敢嘗試錯誤的精神，從各個身體角度、速度去體會「有沉必有浮」、「有進必有退」，「有上必有下」、「有左必有右」立體圓轉的道理，只要陰陽動靜進退轉換都持續能跟對方「合拍」，而且核心保持穩定，渾然成圓，旋轉自如，就能保住「中定」，而且，這也才是「中定」的真義。

十、勢出丹田，創造準確的陰陽曲線

打拳跟寫書法一樣，最重要是呼吸跟感覺要對，因為呼吸吐納是重點，丹田也是運勁的核心，因此，務宜讓「勢」起於丹田，而透過關節鬆開後，形成上下內外混圓，網狀的擴張力與內聚力，經由地板的傳導，讓擴張與內聚的力量，即時對拉轉換，才能順勢創造出準確的陰陽曲線，否則，只是單向的鬆，陰陽失焦、失調，越鬆就越失勢、越鬆就越失神，好像沒鎖好的螺絲，喪失基礎支撐能力，揉(推)手時，無法穩住中定，任對方予取予求，就枉費太極拳巧妙的自我保護功能。

而所謂順勢，在於進退攻防是否處於順重、順圈、順關節、順呼吸開合的狀態，「形由勢出」，從自己單方每個招式到雙方整體形勢，是否產生和諧穩定的共伴狀態，漸漸自我觀察，增加其完整性，如果練到無論對方力量大小、角度變化如何，都能從容不迫，相合相離，旋轉自如，這才是練好練對，才能得到太極揉(推)手真正的樂趣。

十一、「不搶先不落後」才是太極拳的快

太極拳出人意表的勁力表現，向來極具神秘色彩，以本項功法對於太極拳的認識，如果透過簡單語言，予

以表達分析，認為不外乎「速度、角度與力度三個條件的完美結合」，亦即太極拳能量的來源，是來自速度、角度與力度所構成三度立體空間的軸心旋轉爆發力。

「角度」重在接勁後的「勢正」，讓陰陽相濟的轉換核心，先能夠保持穩定，再透過身體折疊反覆的交互運用，在不同方位上，轉化來力；「力度」重在整體身型的一致與協調性，所謂「周身一家」，務使發放的力量，來自身體核心，而非與身體核心力量，會自相干擾的局部肢體力量；「速度」最容易被誤解，在一般拳術中，認為出手一定要搶先，非得要比對方快才行，但太極拳所謂「快」的邏輯，恐怕不是「出手速度快」，而在於「順應對手速度快」，亦即沾粘連隨的融合度，跟對手反應的「合拍」程度，舉例而言，好比唱歌，最重要是音準，歌聲一定要落在節拍上，不搶先不落後，歌聲才會有共鳴點，才會好聽，太極拳亦復如是。

另外，太極拳的快，關鍵在鬆；太極拳的沉，關鍵也在鬆，能鬆在速度與角度上，才能「合」，才會根深力穩，發勁的覆蓋面才會大，至於太極拳的運用練習，雖以揉(推)手為名，但「力點」其實也不一定在手，手在運勁的過程中，可能只是扮演著傳達力量的「支點」與

「出口」角色，亦即「全身是手、手非手」，不管身體那個點接觸到對方，只要夠鬆沈，每個接觸點，都可以是傳達力量的「支點」與「出口」，亦即「何處挨、即何處擊」，也因此，講究手法身形，只是初階的太極拳練法，太極拳到最後，應該是不執意於手法與身形的位置，而只是「放鬆」與「專注」陰陽變化，因為勢正，身形、手法會自然到位，如此，才能真正進入太極堂奧。

十二、守住「動態平衡的中」是太極拳揉(推)手的技術核心

「太極」是宇宙人生的中和之道，不論從本體、現象、作用來看，都普遍存在於各種不同的生命領域，並非太極拳所獨有，甚而言之，太極拳是藉由宇宙人生的中和之道，形成拳理基礎，從而開展運用到各式拳術技巧，因此，如以力學分析太極拳的技巧運用，不管是旋轉(平圓)、滑輪(立圓)、槓捍(平圓加立圓)、鐘擺(按擠採捋雲手等)，全部都要做到陰陽轉換的自然平衡狀態。練習揉(推)手，能做到維持整體旳平衡，尤其是動態的平衡，形由勢出，在平衡中出手，怎麼做就怎麼對，這是一個從「有法」到「無法」再到「無所不法」的過程。

特別是，本項功法認為，一個太極拳者，除了用拳架，以靜態的、個人的自我平衡，當作鍛鍊起點以外，更需要有動態的、雙向的揉(推)手互動平衡練習，對太極拳的理解才會具有實踐性，達到所謂「解行合一」的要求。尤其是，存在於宇宙間的「中」，是一個無所不在、無所不是的轉換點，是維持宇宙平衡的關鍵密碼，運用到太極拳上，更需要透過揉(推)手加以驗證，讓「中」透過鬆，得到拳勢運行的自由與穩定，拳者越懂得鬆，就越能轉換受力的方向，讓維持穩定的「中」，能任意調控到拳者全身任一部分，因為「中」的自由，越練就越輕靈，不會受到身體轉動的影響，也就越難以捉摸，因為摸不著，所以打不到，因為打不到，自然守得住，不會受制於人。

十三、「隨、順」是練好太極拳的必要基礎

如果從拳術的技擊角度看待太極拳，最常被討論到的，不外乎剛柔、鬆沉、輕靈等不同勁別，而從拳術的健身角度看待太極拳，又有筋、骨、肉、皮、毛、氣等不同層次的鍛鍊內涵，吾人以為，各家各派各有其特色，以及巧妙之處，因此，也才能各自流傳，所以，各門各

派最好相互尊重，以「不同」，而非「高下」來彼此定義。

從本項功法的經驗來看待太極拳的鍛鍊，吾人以為要從「隨、順」二字，一層一層去體悟覺察，不論是「剛柔、鬆沈、輕靈」或是「開展、緊湊、 縝密」與「明、暗、驚彈」勁別，都可以去練去體會，從無練到有，再從有回到無，歷經各種明昧轉折，動心忍性的練，太極拳的味道，才會逐漸上身，如果沒有「隨、順」勢的運作基礎，或偏執在某種身形或效果上，可能一輩子都只能在僵直中徘徊，或者落入沒有意義的「頑空」之中。

另外，「想太多」也是無法「隨」，無法「順」的重要原因，千年巨木的成長特徵，在於主幹的強大，所以，要「剪枝蔓、立主腦」，化繁為簡，練根、練彈、練開合。讓符合自然的下意識動作 ——「隨」去導「順」，最直接有效，所以，不要自己起心動念，妄作主張為身形開合預作佈局，否則，「計畫趕不上變化」，反而容易亂了套，要多練習在「隨」的狀態下轉換化打，這也是道家所謂「無為而無所不為」情境的自我體現。

十四、消除武術門戶之見，豐富太極拳術內涵

一般而言，武術取勝有二個重要關鍵：其一、讓打

到人的力量與機會變大。其二、讓被打到的力量與機會變小；太極拳的攻防，亦復如是，且對後者技術的運用，更加重視。以太極拳重視陰陽轉換的攻防特性而言，必須讓「陽」的力量，有著力點，能打得到人，同時也要讓「陰」的形勢，能同時或即時轉化得宜，不被打到，這也是本項功法，在拳術運用上的核心思考。

另外，吾人以為，只要是運用「陰陽轉換」的原理，來實現武術的攻防技巧，都可以融入太極拳來自我鍛鍊，太極拳不必自限於其他武術之外，更不需區分陳、楊、吳、武、孫…，蓋太極拳之創始，本係運用天地陰陽變化的道理來造拳，諸多先人、宗師，也多是在其他拳術的基礎上學習太極拳、融入太極拳、創造太極拳，才使得太極拳展現越來越豐富、多樣的風貌與內涵。

不過，在擇取他家拳術時，要特別小心，雖然太極陰陽是天地間運轉的共通原理，萬法均離不開陰陽，但如何實現陰陽轉換的方法，不同門戶，不但或有不同，而且還可能互斥，因此，要注意「只取其味、無損色香」，亦即要懂得辨識、擷取其他拳術與太極拳相應相融的拳法、拳理，藉以豐富太極拳「藍圖」，而非全盤照錄，讓太極思維變成沒有系統性，支離破碎，互相干擾且不堪使用的「拚圖」。

十五、借接其他拳術特點，開展揉(推)手的多樣風貌

本項功法的鍛鍊，特別強調，以丹田為核心「鬆活彈滑、走弧線」，使三關九節沒有斷續與僵滯點，進而處處成圈、處處成圓、處處成拳的運作技巧，有幾家拳法的運作原理與練法，亦足以擷取當作練習參考，例如：

(一)詠春拳：

1.不動肘理論：以肘部為颱風眼，風眼不動，外圍產生全方位的強力旋轉破壞力(註：延伸到太極拳揉手的運用，可以「被控制點」為颱風眼，風眼不動，從外圍的次關節，包覆旋轉，產生反控力量，但需瞭解身體的主旋律，最大的颱風眼，仍在丹田，作用點的副旋律，務宜與身體的主旋律和合，才能起最大作用)，且按這樣的觀念，也可以產生幾個效果：

(1)增加揉(推)手時重心圓周面積，有助於身型的穩定並避免露出空門。

(2)讓攻擊線提前到位，形成順勢。

(3)讓攻擊線折迭(或疊)反覆變化莫測，對方難以捉摸。

(4)攻守合一，化打、接打在同一拍完成，讓對方無暇反應。

2．**日字沖拳理論：**發拳肘在中，即由自身中心線出拳而非肩、腰，且擊中目標前一瞬間，才將全身整體勁力集中發出，如抽皮鞭之抖腕動作，透過猛然一搐，產生震盪與穿透力(註：古字「日」的寫法，外部為環，中間為點，詠春拳，發勁自中點而起，故曰「日字沖拳」，而揉手功，強調以丹田為出勁的核心點，向外幅射串連，有其相當之運勁模式，尤通古時的日字寫法)。

3．**小念頭練習要求：**全身放鬆，不打肌肉收縮後攻出的死拳，打能捨力、卸力、借力，出手輕靈敏捷的自然活拳(註：放鬆在使周身陰陽節奏的轉換迅速、自由，如果放鬆反而讓身體反應變得遲緩，跟不上節奏，那是鬆錯方向)。

(二)形意拳：

1.**強調「梢節起，中節隨，根節催」：**從全身講，頭與上肢為梢節，軀幹為中節，下肢為根節；從上肢而言，以手為梢節，肘為中節，肩為根節；下肢則分為胯、膝、足三節。做到三節連動，周身就能完整一體，內外合一，「出手如鋼銼，落手如鉤竿」，發拳時，擰裹鑽翻，與身法緊密相合，周身上下好像擰繩一樣，毫不鬆懈(註：出勁時，上、中、下三節的落點需合一)。

2.**「邁步如行犁，落腳如生根」：**要求剛而不僵，柔而不軟，勁力舒展沉實。且要求「六合」，即心與意合，意與氣合，氣與力合，肩與胯合，肘與膝合，手與足合，一發即至，一寸為先(註：以丹田為核心，透過氣的吞吐與胯的開合引導勁道的聚散起落)。

(三)八卦掌：

強調身步法的靈活性，尤其是以「避正打斜，滾鑽掙裹」訓練螺旋勁與擰勁的攻防概念。就鍛鍊勁力變化而言，滾是圓形的旋臂動作，鑽是既要轉又要向前的螺旋形旋臂動作，掙是向外撐開，裹是向裡扣抱。僅有圓形的滾動，沒有向前的力量，勁力沒有辦法形成向外和向前的矛盾統合能量，讓力量伸展到最大，因此，鍛鍊時，必須要滾中帶鑽，使圓形的滾轉成為螺旋形的動作。掙和裹也是這個意思，兩臂肘的合抱固然該使用裹力，但是裹力只有向裡收的勁，而沒有向外擴張的勁，這裡面就沒有向裡和向外的勁力矛盾產生，如果是裹裡帶掙，這裡面就有了因為收縮和擴張的對抗性所產生的穩定、飽滿勁力。所謂「奇正相生」，八卦掌的一切勁力，都是由滾、鑽、掙、裹四力的相互對抗，在奇正的矛盾產生中所發揮出來的，值得學習(註：每一處均要以圓為基礎，並保有陰陽虛實對開的統一平衡)。

(四)鶴拳：

鶴拳以一身五肢端正為依歸，三十六骨節七十二轉節，各處注氣行勁，但「舉意不舉力，記氣不記形」。特別重視寸勁節力，常以兩臂彈抖之勁，實進虛退，所謂「力在半藏半用之間」，也講究「手、腳、身」一體連動，「有吞必有吐」、「連枝接葉」，讓「身如楊柳拳如彈、馬(註：此處的馬，係指腰馬的鬆活)如車輪手如矢」，且在實際運用上，「見力生力，見力化力，見力得力，見力棄力」之法，千變萬化，令對手猝不及防，亦值學習(註：能夠保持勢正，梢節接勁才會有自然而飽滿的勁道變化，而勢正的觀察基礎，在於中節與根節能否遙相呼應？特別是襠胯能不能捧得住丹田？丹田與腳底的結構力能否和合？能夠對得上，互相支撐，才能產生陰陽相爭、相生的彈簧力)。

(五)通臂拳：

通臂拳功法，搖根為第一，根不鬆通，氣滯而不至，氣不至，無以引勁，勁無所引，無從所發。其運勁也，使「肩」、「肘」、「腕」三處之力，相通一氣。其用功之道有二：一曰「鬆」、一曰「空」。鬆則無剛僵之弊，空則無遲重之慮。其風格與特點，強調：「通則無礙，臂活則展，搖而有方，根鬆氣至，法行無二。」、「搖根順氣最為先，鬆筋活骨納氣玄，氣通血活百病祛，通徹全身賽神仙。」、「鍛鍊求精簡，一勢練千遍，能悟其中理，招招有奇變。」(註：襠胯與肩臂的鬆圓最難，通臂拳以肩為根節的搖根動作，對拳者在肩臂的鬆圓上，有非常大的幫助，且與本項功法所強調，務以建立三關九節的鬆化與貫串為基礎，讓健康與武藝併進的練法，實有異曲同工之妙)。

十六、用愛戀的心情，造就太極拳術

太極的內涵包羅萬象，以拳契入，有技有道，可以得到的回饋，是身心靈全面的反思與提昇，因為「本益比」非常高，所以值得用「愛戀」的心情，以一輩子義無反顧的心力去追求，同時，也只有用「愛戀」的態度去追求，才能感受到「太極拳」的甜蜜，尤其是「鬆」這件事，練鬆要練有中定，有 Q 彈、有黏力的鬆，而非軟弱無力、泄了氣的鬆；在行住坐臥中隨時自我提醒，隨時練，套句「拳不離手，經不離口」的老話，也要讓「鬆不離身」，否則「上課時間短、下課時間長」，還不到下次上課時間，上次上課所培養的身體記憶，已經全部忘失，學習成效老是進進退退，在原地打轉，永遠沒有辦法累積足夠能量，步入太極拳境域。

而所謂用「愛戀」的態度練，進而言之，指的是「態度」與「堅持」問題，「態度」要對，心中有太極，常存輕鬆、自在的喜悅，過於急燥緊繃，想快速得到結果，只會變成太極拳的恐怖情人；「堅持」尤其重要，要持之以恒，不能「一曝十寒」，三天打漁五天曬網，見異而思遷。要「無過、無不及」的用歲月來與太極拳溫養、累積戀情，才會讓自己的太極拳術開花結果，所以，話說回頭，要把太極拳練好練對，除了一份不變的「熱情」外，還是一個「守中」與「中和」問題。

十七、把太極思維落實到生活之中

已故名演員李國修先生說他父親曾經告訴他:「一個人一輩子，只要堅持做好一件事，就非常了不起！」有些人，為什麼能成就非凡事功，也是一輩子謹守住一句話、一份思維，至死不渝。吾人以為，太極拳除了是拳術，也是文化與生活態度，因此，把太極思維，落實到生活中的待人處世，也是練好太極拳的一部分。

所謂佳句，是很多人經過不斷的生命淬煉，才得到的人生智慧，雖然世上沒有兩個一模一樣的人生，別人的生活經驗，很難完全套用在自己的生命軌則，但至少是個不錯的參考，以下是筆者認為能與太極思維相應的佳句，再經過筆者自我的詮釋，謹提供拳友參考，期望對拳友身心靈的滋養，以及更圓滿太極人生的建立，有所助益！

※完美不到人間；要學習體驗觀察，找出人生的平衡點，平衡點就是著力點，也是最高點。

※「學規矩、懂規矩」是學習的重要起點，「合規矩、脫規矩」才是學習的重要旅程。除了「守」，也懂得「破與離」，生命才能不斷有改良與創新，展現更加豐富、多元的自然風貌。

※生命的挫折，不是人生的盡頭，是提醒我們該轉彎了，

所以，贏在人生的轉折點比贏在起跑點更加重要；太極拳的學習成就，以及穩定性的高低，密碼也是在每一個圓的轉折點上。

※讀萬卷書不如行千里路，行千里路不如閱人無數，閱人無數不如明師指路，明師指路，還要勇於嘗試；經師易得，人師難求，千招易得，一竅難通，但懂得感恩，就容易有感應，就容易有明師出現，竅就容易通。

※凡事豈能盡如人意，但求無愧於我心，內在的參照標準比外在重要，特別是外在標準，常常是仁智互見或各說各話，太在意外在標準與在眾人之中的榮譽，反而容易使自己患得患失、不知所措；建立自己的內在參照標準與精神王國，做自己的生命主人，生命才會越來越輕鬆、自在。

※只願意順著路走的人，一輩子遇不到生命中的驚喜，失敗只是暫時停止成功的人生轉捩點，或者是另一條康莊大道的告示牌，不要太早抗拒或過度悲觀，練好太極拳，因為其中充滿了「鋒迴路轉」的樂趣。

※世上沒有十全十美的東西，沒有十全十美的人，在不同的人生階段，想要的、能要的，都不一樣，關鍵是清楚自己「當下」需要的是什麼，要在不同的「當下」，找到支撐點，人生的「下盤才會有根」，也才能在每個不同的人生旅途中站穩腳步。

※人不講理是缺點，但只知道講理，卻是盲點，人生的是非題並不多，更多的是選擇題，用錯誤的方式填達人生，沒有辦法找到真正的好答案，而太極拳的好答案，經常出現在「不思而得」的非理性邏輯思考進境中。

※成功的時候，不要忘記人生還有紅燈；失敗的時候，也不要忘記前面可能是綠燈，要常保謙卑的態度，時時放下，才會根深力穩。

※學最好的別人，做最好的自己，懂得站在巨人的肩膀才會有更寬闊的視野，但要迴光返照，學習用自己的眼睛，明朗自己的心智，才能活出真正的自己，在學習太極拳的努力過程，也在於懂得「問師、問友、問自己」。

※世上只有想不通的人，沒有走不通的路；沒有過不去的事情，只有過不去的心情，失意時，想想小時侯也曾經為一顆糖而痛哭流涕，現在看來，一顆糖並沒有什麼了不起，「離境、轉念」是太極拳者在面對攻擊力量時的重要心法。

※生活簡單是享受，心靈簡單是自由，要學習「活在當下、樂在其中」，告訴自己「日子簡單、認真過，天天都好」，太極拳最高的技巧，就在陰陽轉換的自由中。

※積極的人生像太陽，照到那裡，就那裡亮；消極的人

生像月亮，初一、十五都不一樣，找到讓生命「中定」的核心思考，才能發揮生命穩定、正面的價值與力量。

※牛只懂得耕耘，豬只懂得享樂，要懂得耕耘與享樂兼顧，才算是過人的生活；瞭解什麼是責任，什麼是幸福，才不會淪為一頭牛或一隻豬，這也是陰陽調合的太極精神。

※一個好漢要三人幫，一個籬笆要三處樁，在社會上，要學習如何連結、發揮團隊力量，太極拳小能勝大，也是在學習如何結連、發揮自己身體「周身一家」的整合力量。

※有能力讓別人快樂是慈悲；有能力讓自己快樂是智慧，慈悲跟智慧猶如鳥的雙翼，想振翅高飛，就要懂得「悲智雙運」，這也是太極拳上下內外、同體同圓，陰陽共生、和諧流轉思考精神的體現。

※哲人講「返樸歸真」、「大人者不失赤子之心」、「學問之道無他，求其放心而已」，都在告訴我們，走向純真的自己，才是生命中最好的一條路，太極拳的圓，講究的也是一種無時無刻的回歸精神。

※要瞭解生命的意義，必須先找到自己存在的價值，生命才有著力點，那也是太極拳所謂的「根」。找到「根」，怎麼站都平穩，沒找到「根」，怎麼站都不舒服。

※不求與人相比，但求放過自己，最快樂的人不一定擁

有一切最好的東西，他們只是珍惜人生道路上遇到的每項事物，這也是「不丟不頂」的太極精神。

※擔心是多餘的折磨，用心是安全的動力。生命有裂痕，陽光才照得進來；茶葉蛋有裂痕，才更入味；缺憾是支撐圓滿的另一端，禍福本是陰陽的兩端，排斥其一，生命就會失衡，失衡就會惡性循環，所以要懂得包容，用歡喜心看待一切的發生。

※生命很短暫，不要浪費時間去憎恨別人。準備周全，然後隨遇而安；用「永以為好」的態度去轉念、轉境，讓生命不斷朝正向循環「轉化」，產生巨大正面能量。

※最快的腳步不是跨越，是堅持；最慢的腳步不是遲緩，是徘徊。感覺自己「很幸福」的人，是真正的幸福；但感覺自己「很聰明」的人，也有可能是因為自己太愚蠢，懂得「傻傻的練」的人，進步往往是最快的。

※人和人相遇，靠的是一點緣分。人和人相處，靠的是一點誠意，而「一念不生之謂『誠』」，意思是對別人好，不必存有條件，不必想太多，練太極也是如此，想太多，反而會適得其反，讓力量偏離自然的軌道。

※掌聲是別人給自己的肯定，健康才是自己給自己的肯定，要讓太極拳可以達到滋養身心靈的效果，努力才會更有意義。

拾、結　語

— 以技入道、捨己從人

千年古木的生機，以其根盤為主宰，武術能否練得高深，關鍵也在根盤，練習太極拳的時間越久，知識自然越豐富，瞭解的技法，也會越來越多元，但不管所學所知為何，根盤與基本功的鍛鍊才是助長功體最重要的元素，所以，要經常迴光返照，自我檢視根盤是否扎實穩固，基本功是否因為功夫練多練雜，早就不翼而飛了，千萬不要讓太極拳的學習成為一種盲目的追求，練到最後，只剩外相與浮誇。

另外，知識固然是應對進退的判斷基礎，但卻非唯一的判斷標準，例如：以大黃蜂碩大身材與短小翅膀，依流體力學原理，是絕對飛不起來的，但事實證明，只要是健康的大黃蜂，都飛得起來，因此，現階段有很多已證明的科學原理，並無法充分說明大自然運作的微妙現象，太極拳的「弱勝強」，有一部分的道理，是可以用科學或力學的道理來解釋，但有一部分的現象，卻是不可思議的，所以要帶著一顆謙卑且開放的心去觀察體會；練太極拳需要悟性，不要讓片面的知見，塞住自己的悟門，如能保持悟性靈明，有些無法言喻的能力，自然就會上身。

當然，太極揉(推)手也像投手投球一樣，都要設法找到自信、自己的節奏感與找到射入好球帶的進壘點，但即使最好的棒球投手，也有其極限與盲點，而且，面對不同習性與擅長的打者，再好的投手，也不可能隨時保持最佳的手感與不敗的紀錄，如果把太極拳當作武術來競技，就要瞭解「一山還有一山高」，世上沒有永遠的贏家。

太極拳是一項隨時自我調整，達到動態平衡的武藝修鍊，因此，太極拳的學習，「最高點其實就是平衡點」。所以，太極拳功夫，不僅要在身體上展現，更要從心靈上昇華。從「沉勁」中學習謙卑柔軟，從「頂勁」中讓個性能極柔軟然後極堅剛；學習能提得起，也能放得下，在該提起時提起，該放下時放下，其實也是陰陽走化，尤其，必須在「捨己從人」中學習人格上的無私無我，瞭解「給的越澈底，收獲自然就會越豐富」，不必想太多，因為想太多，反而形成干擾。「陰陽」、「虛實」、「禍福」、「得失」，本是同一回事；捨福不但是避禍的妙方，更是得福的不二法門，就陰陽相依相繫的自然運作原理，捨得！捨得！「捨」是本尊，「得」是影子，「能捨自然有得」，因此只管捨，不妄想得，有真捨才會有真得，苟能「以技入道」，就不會讓武術偏離正道，成為短暫性炫技的技藝末流，有礙健康與人際互動，也才能從武術鍛鍊的特殊因緣，攀上「智者不惑」、「仁者不憂」、「勇者不懼」的生命境界。

拾壹、後　記

— 愛其所同、敬其所異

將揉(推)手經驗，結合平常所練習的手法，編輯成系統性的套路功法，其構想發軔於二〇一三年九月，原係專為在新店崇光天主教堂前(自二〇一四年六月二十八日起，遷移至新店大豐國小對面司令台左側，目前再遷移至新店高中圖書館左側)練習揉(推)手拳友所編撰之講義，其間也透過 FB「太極及養生」網站，以及 youtube 將一些練習影片，上網與同好分享，這套功法實係與拳友們多年來一起「以身試法」的一項共同生命紀錄與彼此提醒，本書礙於篇幅，且為利於印製，並未附加練習光碟，請有興趣的拳友自行上網點閱參考，也歡迎加入我們的學習行列。

太極拳係屬武術，揉(推)手功夫之優劣，無可豁免，必須植基於勝負，而其之所以吸引人，也在於存在著輸贏的競技趣味，但也因為存在著過度競爭問題，讓揉(推)手是否符合拳經拳論要求，以及是否會因過程衝撞而受傷，而使大部分太極拳學習者，對揉 (推)手望之卻步，甚至讓太極拳特有的武術根柢，漸失意涵，所以，必須思考如何揉合【和諧】與【競爭】兩個元素，同時達到養生與武術雙邊功能，本項功法經過多年嚐試、調整，讓【和諧】、【競爭】兩個矛盾對立的關係，透過揉手功法，逐步趨向互補平衡的中道精神，同時兼顧健康養生與精進拳術的價值，已日趨成型，頗屬可喜，因此，將講義整理成書，公開發行，以嘉惠更多志同道合的拳友。

在武術的世界裡，不但不同門派，那怕是同一門派，對拳術的詮譯與練法，都會因人因時而異，太極拳門派亦繁，不同看法、練法，勢所必然，可以彼此借鏡，但切勿交相詆毀，希望大家能「愛其所同、敬其所異」，為自己的健康及拳術的傳承與開創一起努力。

我們的影片參考網站如下，歡迎點閱：

揉手功網站 http://kneadhand.simplesite.com/

揉散手網站 http://taichisangsou.simplesite.com/

拾貳、附　錄

2014 年新春祝福

太極拳是一座無盡的大寶藏，裡面不但應有盡有，而且，取之不盡、用之不竭，想要健康？武藝？希望多瞭解自然形成與生命運作的道理？都沒問題，不過，沒有一點本事，或熟門熟路的人帶領，卻一點也拿不到，雖入寶山，也只能空手而回，所以，我們要結伴而行，互相引路，取得密碼，不但要一窺堂奧，而且要像阿里巴巴一樣，盜走最珍貴的寶物，彼此分享。崇光天主教堂太極拳班，從我跟卓師兄/老師兩個人玩，沒有正式招生，沒有對外廣告，逐步自然形成，志同道合的拳友越來越多，卓師兄/老師在職場上，今（2013）年底正式退休，有比較多的心力為大家服務，所以發起 FB 分享平台，除了敬表感謝，在甲午年開春第一天，也比照總統文告……一笑，簡記幾句新春祝福的話，與大家共勉，並祈在大家共同的努力下，幫助更多好朋友，圓滿太極拳人生。

吳永達 謹識

2015 年新春祝福

時光荏苒，卓師兄/老師成立「太極及養生」FB 社團，倏忽已是第二年，日前卓師兄/老師叮囑，援例在新的一年開始，進行「2015 年新春祝福」，除不敢怠慢，而且，一定要趕在元旦前公告，才顯誠意與執行力。

太極拳係屬武術的一環，自不能免俗，舉手投足之間，充滿「克敵制勝」思考，從最近開始的「散手」練習，在陰陽流轉間「化打」與「鬆發」，師兄姊應該有所體會，不過，在成立「散手體驗營」之初，卓師兄/老師已開門見山，提示務宜「以餵代打」、「以餵代發」的旨趣，師兄姊自是有法可尋，不致誤入「自傷傷人」歧途，在新春年初，謹再以「贏」字，拆解共勉，祈共同努力，以成為更高層次的太極拳「贏家」！

「贏」字可拆成「亡」/「口」/「月」/「貝」/「凡」五個字，這五個字可以引申成為太極拳贏家的五個必備態度，請細心體會。

第一個字「亡」：亡代表 徹底去除僵直的拙力，也代表學習讓自己歸零，而其關鍵在「鬆」，只有透過「鬆」

的大破，才能徹底清除太極拳勢陰陽運轉的路障，進入「不用力而有力」的大立境界，有句話說，「為何團團轉、只因不敢放」，不敢放鬆或者不知道如何放鬆，或者誤解放鬆的意思，……都無法進入太極拳的堂奧。

第二個字是「口」：口代表 溝通 ，亦即代表太極拳的「聽勁」，練「拳架子」只是學習瞭解自已拳勢陰陽運轉的路徑，如果沒有經過「推(揉)手」的練習，遇力不頂即丟，硬也挨打、軟也挨打，而且腳跟浮動，稍有來力，怎麼站都站不穩，就是因為沒有「聽勁」，沒有辦法跟來力「溝通」。

第三個字是「月」：月指的是時間，陰陽拳勢流轉時間點的掌握，最為要緊。勢勢相承，務宜保持像呼吸一樣順暢自然。尤其【散手】的練習，要以接榫、合拍思考為要。當然，任何功夫，都需要有時間的積累，必需在歲月上下功夫。太極拳有「十年不出門」之說，所以急不得，循序漸進，耐得住長時間的鍛練，自然可以漸漸培養出自我掌握的優勢與應變能力。

第四個字是「貝」：中國最早以貝為交易的貨幣，因此貝可以簡單地說是「錢」， 就廣義而言，就是「籌碼」，每位師兄姊的身材體能與生命歷練都不一樣，也就是練習太極拳的籌碼都不一樣，對太極拳的體悟速度以及路徑，自然也不一樣，所以，要懂得自已的獨特性，以及善用可以為自己加分的條件。

第五個字是「凡」：顧名思義，凡指的是 平常心，我們努力去學習，但是最後的成果，是否盡如人意，還要看天意，因此，用平常心，享受學習的過程，讓水到自然渠成吧！

吳永達 謹識

2016 年新春祝福

常有拳友問我說，如何學好太極拳，自己是不是太笨，所以學不好！我的觀察是…學的好不好，只有「懶」的問題，沒有「笨」的問題，俗話說，勤能補拙，學不好，最主要是「無法堅持」，時練時輟，學習的日子雖長，但卻始終只能在起跑點徘徊，尤其，太極拳是細火慢燉的拳種，「十年不出門」，沒有長期的堅持，很難嚐到太極拳真味！

十年磨一劍，霜刃未曾試，今日把示君，誰有不平事？這是唐人賈島詩作--「劍客」，個人學習太極拳，掐指算來，已超過十個年頭，在太極功夫的學習上，雖然還算認真，但是，勉強來說，只是建立了一點淺薄的拳術基礎，一樣自感「火候未至」，如以七竅來講，其實只通了六竅，所以，依然是「一竅不通」，感謝卓師兄/老師與眾師兄姊的謬愛，一路上的陪伴學習，讓我勉強有些許心得，可以跟大家分享，值此歲末年初，真是得再用力感謝大家一下。

今(2016)是猴年，代表九的極數，也是靈動的一年，或許，我們的熱情，在未來的一年，會有更多感應，讓更多有緣的拳友加入學習，而我們在這二、三年，透過 FB 的網路傳播，跟我們一起練拳的師兄姊，也確實有所成長，不過，我最期待的，仍是我們目前共同學習的師兄姊，在太極拳的學習上，都能更加踏實，並且有所斬獲，因為，只有更多的人有收獲有能量，才能幫助更多的人，不讓犧牲假日，遠道而來學習的朋友失望。

另外，喜歡拳術的人，心中大抵都有著一份非常濃烈的「俠客」精神，因此，我們的師兄姊，總是能夠相知相惜，令人感動，不過，「俠客」通常會有一顆非常好勝的心，因此，很容易自我損傷，甚至損傷朋友，所以，不得不慎。為了保留義氣相挺的俠客精神，且不造成彼此損傷，我因此有了編組「太極拳十三勢揉手功」的想法，除以「立定腳跟」為學習主軸，來滋養身心，也不斷強調「順」與「勢」，期以動態和諧的「圓」，來培養拳友內在的正向能量，因此，有師姊笑稱，我們的揉手是屬於「鴿派」，的確，我們最主要的企圖，就是希望以「建設力」，而非「破壞力」，來展現太極拳揉(推)手的新風貌，一路走來，這樣的嚐試，還算有些成果，所以，必須再次用力感謝大家一下。

最後，去年(2015)是羊年，理應喜氣洋洋，但卻有多位拳友為宿疾所苦，除了祝福大家「隨緣消舊業」，猴年好運當頭以外，也要借助巴頓將軍的話:「衡量一個人成功的標誌，不是看他登到頂峰的高度，而是看他跌到低谷的反彈力」，跟大家共勉，希望大家，在未來的人生道路上，不管遇到多大的困難，都能用太極拳揉手的精神，化險為夷，且享受生命四季自然循環的美好。

吳永達 謹識

2017年新春祝福

送走了靈動的猴年，緊接著便是具有「吉祥」、「積極」、「機會」、「奇蹟」諸多諧音含義的雞年；一句「雄雞一鳴天下白」，除了代表「除舊佈新」、「送走黑暗、迎接黎明」的吉祥象徵外，更孕含為人為學、承先啟後應有的恢宏氣度，這也是本人在新的一年希望帶給大家的祝福並與大家共勉的地方。

先從「吉祥」兩字來看雞年，在春聯的書寫上「吉祥」後面，常帶有「如意」二字，「吉祥如意」是所有人最簡單的共同期盼，因此，這也是我今年送給大家春聯的小四言主題，什麼最吉祥？如意最吉祥，但偏偏「人生不如意之事、十之八九」，怎麼辦？古人教我們「回首如意」，轉個念頭，「常思一、二，便有如意」，在太極的思考中，「反者道之動也」，剛好告訴我們，我們所學習的「太極拳」便是一種「如意拳」，不過，得先學會「逆向思考」才行。

其次是「積極」，或許有人會認為太極拳是一種被動的拳法，以道家「不敢為天下先」的思維邏輯，應與「積極」扯不上關係，不過，這也是我經常跟大家共勉的，所謂「不敢為天下先」是「不頂」，必須再輔以「不敢為天下後」的「不丟」，才是太極拳的「不丟不頂」，亦即「太極拳不是被動的拳，也不是主動的拳，而是一種互動的拳」，求的是與對方「同步」，亦即「沾黏連隨 」的互動狀態，有互動才有陰陽，才會產生互相作用的共鳴點，也才有創造引進落空現象的可能性，因此，在態度上必須更專注、積極，否則，稍一失神，便會丟失與對方的互動關係，形成丟頂。

再者是「機會」，太極拳的機會，講的是一種「形勢」，必須學習「順勢」，才能「得機得勢」，再從「得機得勢」中，順勢再創造「形勢」，讓一波一波的「形勢」，自然造就機會，形成必要的攻防之勢，所以，當有拳友問我揉(推)手的技巧時，我總是認為「自然是最高的技巧」，身形自然，怎麼做怎麼對，身形不自然，再怎麼設計招式，都有盲點，而造就身形自然的方法，不在繁雜的拳理，而在最初最簡單的基本功，所謂「一生二、二生三、三生萬法」，基本功穩固了，身形自然會走，拳理自然會懂，身形走到那裡，攻防的機會就在那裡。

最後是「奇蹟」，所謂「四兩撥千金」，是太極拳在拳術裡，最為人所樂道的奇蹟，不過，要做到四兩撥千金，就得先花千金之力，按步就班來學習才行，畢竟，「天下沒有白吃的午餐」、「要怎麼收穫先怎麼栽」，越能向下扎實去練功，就越容易有向上結果的奇蹟發生。

吳永達　謹識

2018 年新春祝福

日昇月恆，新春將屆，回首卓師兄/老師成立「太極及養生」FB 社團，倏忽已是第五年，2017 年我們的社團大事是正式出版了「太極拳十三勢揉手功」專書作為系統性的學習參考，2018 年是狗年，除了以「福星暢旺」春聯，祝福大家在狗年好事旺旺來以外，並藉網路之一隅，再跟大家分享幾點太極拳的學習心得。

太極拳應該如何學習？尤其是面對百家爭鳴的太極論述，何者為真？該如何抉擇？是很多師兄姊在學習過程中的最大困惑！吾人以為「道不在遠、理在易中」，從太極的觀點，一切萬法，不離一個簡單的「圓」字，如何在身體上創造一個有系統、有核心的圓體，讓太極陰陽能夠同根共濟是關鍵，而能否落實，就在於基本功的培養，十三勢揉手功的編撰，旨在建立鍛練基本功的完整系統，因為，如果沒有基本功的支撐，再好的技巧，都很難用得上，玄妙深奧的拳理，也只能流於憑空想像！有句話說：「練到那兒才會懂到那兒！」，所以，唯有透過不斷的基本功練習，從實踐中找到規矩，讓反射條件的動力定型，身型逐漸圓潤穩定，很多道理才能「不求自得」，否則，枝節片斷的學習結果，不但見樹不見林，更糟糕的是，經常練到十字路口上，越練越不知道何去何從，也越練越糊塗或者辛苦的學習結果，只是帶來新的錯覺而已！

內家拳是找感覺的拳，感覺對最重要。特別是身心是合一的，在學習的過程中，或許您會發現，真正的硬、不圓的是心，不只是身體，揉手功練好的意義，也不在能贏多少人，而是能產生多少好的影響力，所以，在練習的過程中，重在尋找雙方力量的共鳴點，進而互相影響，促進身體的和諧與平衡。為能增加揉手功的練習效果，謹再做幾點叮嚀：

一、用「打氣」與「撥筋」等健康概念，觀照餵勁的品質

揉手功法特別強調「餵勁」的練法，給對方適當壓力，等於在對方身體上「打氣」，而且，內氣的吐納與筋骨的結構也是一組陰陽，所以，從另一個角度來看，也是幫對方「撥筋」；放鬆肌肉接受餵勁，透過力與氣的陰陽結合，才能「撥動筋膜」讓「氣斂入骨」，產生內聚與

外展的身體情境，並從四正四隅的「圓、旋、黏」與「得其環中」的內外練法，產生「逢力必沈、逢沈必轉、轉必有方」的自然現象，這樣的要領掌握很重要。另外，最近楊定一先生出版的一些有關靜坐的書藉，強調透過冥想、呼吸、靜坐、身體掃描，把念頭帶回身體，專注當下。特別是創造了「螺旋舞」，以中脈為軸心，用身體橫向劃 8，或雙手外旋，鬆開身心的結，以及張釗漢醫師的「原始點療法」，跟坊間諸多有關「壓撥筋膜整復」、「矯正脊椎歪斜」與「核心肌力訓練」的功法，也多有與揉手功法相映成趣之處，這些都可以作為練習揉手功的延伸思考，促進餵勁的品質。

二、以跨作基，以丹田開合分陰陽、走虛實，學習效果才會顯著

人體是個大彈簧，襠胯關節可以開合，用中節發力，周身骨架筋經貫通，讓丹田力順達周身各個部位，才有全身骨節協調一致的開合，才能帶動全身內變，否則力量僅止於胳膊腿上，不易往內裡深化，所以，我常說，「只會用四肢作工是人在賺錢，辛苦但收穫不大；會用襠胯作工才是錢賺錢，輕鬆且收穫大」，襠胯是身體裡最死的

關節，但卻蘊含著最原始、強大的力量，等於是隱藏在身體最深處的大寶庫。揉手功鬆身扎根的揉化法，以胯襠的鬆沉抽旋為基礎，目標就在學習挖自家的寶庫！如果能以帶動大腿骨、盆骨與雙臀的翻騰，增加丹田的容量與內轉空間，不但可以創造太極拳的內勢與彈性。也可以增加腰腹部立體螺旋的活動範圍和氣血的上下對流，按摩五臟六腑，活化脊髓，進一步激活身體各類生命腺體，達到滋陰補陽、陰陽調和的保健作用，這才是更重要的價值。

三、再提醒以鬆身扎根練樁的幾個重要運作原則，務請善加體會

以鬆身扎根練樁時，讓胯捧著丹田轉，不但要隨力轉，也要做到環轉心不轉，才會產生陰陽的矛盾力，千萬不能只是讓丹田沒有方向感的自轉，或者在轉的過程中軸心晃動。丹田接力後，身形不可向後退，或向前頂，直接鬆胯引帶下沈。要「立如平準」地讓身體的重心結構貼到地板後再「活似車輪」的接地轉，還沒接地就向上頂，讓重心挺在空中轉，不會有樁，也不會長出根勁。另外，轉的方向用胯點運作，分正隅兩種，正轉如水湧

動，隅轉如風旋轉。切記，是胯下沈，帶領身型，產生載浮載沈的掤勁，非腿下蹲，用膝蓋硬撐，且要能自然呼吸，隨著來力讓氣下沈，進入丹田，引力點地產生彈性，不可憋氣。太極拳屬內家拳，特別注重內力的培養，內力必須是內氣與骨架的調合，而調合的功夫，必須以丹田及胯點為基礎，揉手功的練法，是經過不斷的推揉，去感受、培養與校正身體接力的時間點與鬆沈的角度及方向，而進步的指標則包括「根深」、「胯活」與「聽勁強」，目前師兄姐們最普遍存在的問題，在於中軸線的穩定度與外環線的鬆柔度不足或無法互相搭配進行，必須念茲在茲，加強練習。

太極拳的學習，每個道場都有不同的重點，有些重在招式方位的適當性或美感，有些重在內勢的養成，而內勢的養成，又重在化勁與發勁的實踐，其方法與目的不一，不需比較，我們的目標，除着重內勢的養成與實踐外，更希望在化、發勁之外，讓每位師兄姊都能成為餵勁的高手，果能如此，拳術才會從能傷人進階到能助人的層次，所以，請師兄姊在化、發、餵三個面向，不斷校對自己進步的方向，祝福大家的學習日啟有功，每天都有成長的喜悅與收穫。

吳永達 謹識

2019 年新春祝福

元旦將屆，殘秋盡　，冬漸隆，這幾天台灣已經開始出現下探 10 度低溫的氣象報告，這也是太極行者體驗溫養功體好處的最佳時節，來年 2019 年是豬年，昨天循例去買了些小四言的春聯紙，回來寫賀詞，好在春節前跟有需要的師兄姊結緣共勉。

回憶我們社團在去年的年終大事是出版了「太極拳十三勢揉手功」專書作為系統性的學習參考，因為 2018 年是狗年，我寫了「福星暢旺」春聯，祝福大家在狗年好事旺旺來，今年我們社團也很有收穫，除了有超過一百位師兄姊願意加入我們揉手社團群組，跟我們一起學習，分享生活點滴外，也設計了揉手功的識別標章、服飾，讓師兄姊在揮汗練習時，憑添更多的歡喜，明年豬年，我想寫的是「知足是福」，因為「不貪」是重要的生命修鍊，而太極拳「不丟不頂、隨力走化」，練的其實就是「不貪」的知足覺醒，有了這份覺醒，行拳才守得住中定，生活才會自在無礙，這是學習讓身心回歸的一體兩面。

當然，除了「豬者，諸事足矣」的提醒與祝福外，也希望藉由網路的一隅，再跟大家分享幾點太極拳的學習心得。

一、鬆不離中、中不離圓、圓不離旋、旋不離黏，要學習在身上創造出立體的同心圓

黃性賢大師經常提醒學習太極拳，要「鬆不離中、中不離圓」，在陳鑫太極拳語錄中亦提到「陰陽無始亦無終，往來屈伸寓化工，此中消息真參透，太極祇在一環中」，我的心得是…圓弧旋轉是宇宙的運行規律，有穩定的圓心，才有旋轉力，不圓就旋不起來，同時也要有黏，才能同步旋出圓的軌道感，所以練太極拳更要注意「圓不離旋、旋不離黏」，在身上創造出具有包覆性及彈力，而且軸心穩定的立體同心圓，才能練出「黏沾連隨、不丟不頂」的功夫，而其具體作法，即在善用胯根的大轉軸，讓丹田與髖胯形成身體的第一個旋轉半徑，合著外力內聚與開展，形成「掤勁」，作為太極功體的基礎，這是基本功，也是「一生二、二生三，三生萬法」的道；有句話說，「夢裡尋他千百度，驀然回首，那人卻在燈火闌珊處」，如果世上有「神功」，或許不是不斷往外追求高深的武功秘笈，而是回過頭來，老老實實把基本功練

到「出神入化」，讓身體產生結構性的張力與自然反射，否則「神功」沒有基本功的底氣支撐，通常就只會淪為「神話」。

二、沒有兩個一模一樣的身形，所以也沒有一個絕對標準的動作，只要能接得住地力，並且把力完整傳遞出去，就是好架子

在落胯入榫的學習中，最重要的是如何造「勢」，讓勢起如開傘，全身張力平均開展；勢落如坐轎，全身重量從胯點落到腳底，受力與發力便在拳勢起落的節奏點上運行，至於身形，並沒有絕對的標準動作，我們可以從大自然的細微處觀察，那怕是同一棵樹，也找不到兩片一模一樣的葉子，所以，道返自然看世間，世上也沒有兩個一模一樣的身形，也因此，學習者應該注意的是「身形自然」，而不是跟老師一模一樣，更何況，就算身形跟老師一模一樣，也不代表可以發揮一模一樣的效果，所以，在學習的方向上，要把基本功練到熟、練到巧、練到身形自然，練到越來越能夠輕鬆的接得住地力，傳遞力量，才是走對道路，才是練到屬於自已的功夫，總而言之，學習雖然是始於模倣，但卻不能只終於模倣。

三、意命源頭在腰際，帶脈是身上的桶箍，練好才收得住滋養身體的能量，以及放送出強大能量

練太極拳，可以在身體上從「前任後督」的軌道上運轉周天，陰由任脈落胯歸根，陽由督脈展脊貫頂，而主宰任督陰陽，維繫動態平衡的「中定勁」，則須由位於腰際的「帶脈」求之，帶脈上的胯根是身體引擎中的皮帶，通過鬆胯、落胯、鎖胯、旋胯，在胯根繫好皮帶，帶動丹田的引擎運轉，才會產生能量，所以「意命源頭在腰際」，「帶脈」也如同木桶的桶箍，桶箍圈得住木桶，桶水才不會滲漏，因此，加強胯圈即帶脈的鍛鍊，才收得住滋養身體的能量，也才能放送出強大的能量。

在舊世代，如何練胯，是個不傳之秘，古云：「寧傳十拳，不傳一胯、傳拳不傳胯，傳胯師父差」，但時至今日，應該理解「武藝再高、高不過天，資質再厚、厚不過地」，不斷的分享，才能不斷增長，才能完成「見自己、見天地、見眾生」的生命課題，因此，把個人學習心得，再次提醒、分享，希望「念念不忘、必有迴響」，越來有越多的有緣人，有機會投入揉手功的學習行列，一起在「妙不可言」也「樂不可支」的太極大道上攜手成長。

吳永達 謹識